MELHORES POEMAS

Murilo Mendes

Direção
EDLA VAN STEEN

MELHORES POEMAS

Murilo Mendes

Seleção
LUCIANA STEGAGNO PICCHIO

global EDITORA

3ª Edição, Global Editora, São Paulo 2000
2ª Reimpressão, 2011

Diretor-Editorial
Jefferson L. Alves

Gerente de Produção
Flávio Samuel

Coordenadora-Editorial
Dida Bessana

Assistente-Editorial
Tatiana F. Souza

Revisão
Luciana Chagas
Ana Carolina G. Ribeiro

Projeto de Capa
Marcelo Laurino

Editoração Eletrônica
Luana Alencar

Dados Internacionais de Catalogação na Publicação (CIP)
(Câmara Brasileira do Livro, SP, Brasil)

Mendes, Murilo, 1901-1975.
Os melhores poemas de Murilo Mendes / seleção de Luciana Stegagno. – 3. ed. – São Paulo : Global, 2000. – (Os melhores poemas)
Bibliografia
ISBN 978-85-260-0480-1
1. Poesia brasileira. I. Stegagno, Luciana. II. Título. III. Série.
94-4582 CDD-869.915

Índices para catálogo sistemático:

1. Poesia : Século 20 : Literatura brasileira 869.915
2. Século 20 : Poesia : Literatura brasileira 869.915

Global Editora e Distribuidora Ltda.

Rua Pirapitingui, 111 – Liberdade
CEP 01508-020 – São Paulo – SP
Tel.: (11) 3277-7999 – Fax: (11) 3277-8141
e-mail: global@globaleditora.com.br
www.globaleditora.com.br

Obra atualizada conforme o **Novo Acordo Ortográfico da Língua Portuguesa**

Nº de Catálogo: **1603**

Luciana Stegagno Picchio, filóloga, crítica e ensaísta italiana, historiadora do teatro português e da literatura brasileira, é professora catedrática de língua e literatura portuguesa na Universidade de Roma La Sapienza. Entre as suas obras dedicadas às literaturas portuguesa e brasileira destacamos: *História do Teatro Português*, Lisboa, 1969; *La Letteratura Brasiliana*, Florença-Milão, 1972; *A Lição do Texto, I. Idade Média*, Lisboa, *1979*; *La Méthode Philologique. Écrits sur la Littérature Portugaise*, Préface de Roman Jakobson, 2 vols., Paris, 1982; *La littérature brésilienne*, Paris, "Que sais-je?", 1982, trad. bras. São Paulo, 1987, trad. italiana com o título *Profilo della Letteratura Brasiliana*, Roma, 1992. Amiga, na Universidade de Roma, de Murilo Mendes e curadora das suas obras, editou depois de sua morte o volume inédito de poemas italianos *Ipotesi*, Milão, 1977, a antologia de prosas *Transístor*, 1980, dois volumes de poesias em edição crítica, *Poemas*, 1925-1929 e *Bumba-meu-poeta*, Rio de Janeiro, 1989; *História do Brasil*, Rio de Janeiro, 1991; e, ultimamente, a edição crítica da sua *Poesia completa e prosa*, Rio de Janeiro, Nova Aguilar, 1994.

O RETORNO DE MURILO MENDES

Poeta "diferente" nos dias da sua estreia, católico, surrealista, barroco, metafísico, visionário, insubmisso, Murilo Mendes é recuperado hoje pela crítica brasileira como um dos seus autores mais significativos, uma das vozes mais inovadoras e, por isso mesmo, mais essenciais da lírica modernista. O percurso crítico da aceitação individual corresponde ao percurso mais vasto do público brasileiro e não só brasileiro (por se tratar de um autor de projeção internacional) em relação a todo este singular legado poético. E não é por acaso que esta antologia de um dos máximos poetas do Modernismo (um dos seus "tetrarcas", no dizer de um dos seus críticos mais autorizados) só conseguiu ver a luz passados quase vinte anos após a sua morte: tanto tempo foi necessário para que se pudesse reunir toda a sua obra dispersa e inédita, de modo que a seleção fosse efetuada não já, como as anteriores, sobre um pecúlio reduzido de textos, mas sim sobre a sua totalidade: não só para que se pudesse publicar o texto poético na sua pureza filológica, assim como o divulgaria o poeta se ainda estivesse entre nós.

É verdade que, no momento de nos deixar, em 1975, Murilo já tinha visto editada quase toda a sua produção poética dos últimos anos: só ficavam excluídos os poemas italianos e franceses, que aqui aparecem, entre os outros, antologizados. Mas havia dispersos em jornais e revistas, e havia sobretudo aquela constante revisão do ditado poético que obrigaria o curador póstumo a procurar, através de uma selva de variantes, aquela última vontade de autor a que sempre deve corresponder a publicação de qualquer suma poética. Além disso, ficava ainda inédita grande parte da obra em prosa do poeta de Juiz de Fora, prosa que afinal constituiu a grande surpresa da recente edição da sua *Poesia completa e prosa*, publicada no Rio, em 1994, pela Nova Aguilar. Apesar da intrínseca qualidade "poética", no sentido da invenção e transgressividade, da prosa de Murilo Mendes, ela não figura nesta nossa seleção, pois exige um volume autônomo para ser apreciada no seu conjunto e na sua especificidade.

Agora, com a perspectiva do futuro, com a visão completa de todo este itinerário poético, com a certeza de que a lição de cada poema é a que o próprio Murilo gostaria de ver impressa definitivamente e, sobretudo, com o gosto de hoje que nos leva mesmo a incidir, modificando-a, sobre a autosseleção de poemas realizada pelo poeta em vista da publicação, em 1964, em Lisboa, da sua antologia poética até aquela data, podemos escolher o "nosso" Murilo Mendes. Trata-se, porém, só de uma proposta, destinada a um público escolar e universitário brasileiro, cujo horizonte de expectativa é naturalmente diferente do do público europeu e hispano-americano, para os quais, em vida e em morte do poeta, já foram realizadas tantas antologias, sempre contudo sujeitas ao condicionamento da tradução.

O itinerário começa em 1930, quando o poeta, na Juiz de Fora natal (em que tinha nascido em 1901), lança o seu primeiro livro de versos: os *Poemas 1925-1929*, impressos pelo Estabelecimento Gráfico Companhia Dias Cardoso. Ao rever hoje aquela modesta edição provinciana, que contudo iria provocar tanto interesse em todo o país, ao ponto de provocar resenhas de personagens como Tristão de Athayde (o já então prestigioso Alceu Amoroso Lima), Mário de Andrade, João Ribeiro e Pedro Dantas, até ser agraciada com o Prêmio Graça

Aranha, temos a impressão de que em 1930 ainda existia para a poesia uma predisposição que a crise econômico-existencial daquele ano não ofuscara. O fato é que Murilo surgira poeta maduro e original, moderno e piadista quanto era de se esperar depois da revolução modernista de 1922, mas com uma sua marca de espiritualidade inconfundível e com poemas cuja "visualidade" evocava imediatamente no leitor figuras barrocas do Aleijadinho, pinturas de interior burguês à maneira do manifesto da poesia Pau-Brasil de Oswald, mas também praças metafísicas de De Chirico, quadros surrealistas de Chagall, carregados porém de uma ginofilia toda brasileira, de uma sensualidade que ligava inexoravelmente o real ao transcendente, a Maria vizinha de casa às três Marias que estão no céu. E esta característica de coincidência dos extremos, de tentativa surreal de conciliar as oposições presentes na perspectiva do homem, céu e inferno, vida e morte, sonho e realidade, anjos e demônios, o mundo das formas e a eternidade ("seios decotados não me deixam ver a cruz"), mas também Brasil e Europa, internacionalismo e localismo, vai perdurar tanto na vida quanto na poesia de Murilo Mendes, conferindo-lhe seu cunho original dentro da poesia brasileira de todos os tempos.

Pouco acrescenta nestes anos à sua fama o auto "Bumba-meu-poeta", publicado em 1932 na *Revista Nova*, de Paulo Prado: nunca, durante toda a sua vida, Murilo será um poeta dramático, pois nunca a sua escrita obedecerá a um projeto de despersonalização como o que se requer para a criação de personagens outras, sempre ficando sujeita à efusão ou à meditação em primeira pessoa, próprias da expressão lírica. O poema-piada, invenção dos modernistas da primeira fase, encontrará, contudo, a sua expressão original na *História do Brasil* (1932). No fim dos anos 1950, quando mais grave aparecia a divisão do mundo em duas partes inconciliáveis, e cada homem se sentia impelido a um sério compromisso com a realidade, Murilo excluiria estas poesias satíricas e humorísticas do conjunto das suas *Poesias completas*, julgando que elas o desequilibrariam. Hoje, porém, mudadas as condições, elas voltam a ser apreciadas pela sua leveza e alegria de composição. Aliás, no manuscrito do projeto para uma antologia, existente no espólio, há uma notação em data 20 de março de 1949 da mão do poeta, nestes termos: "Carpeaux acha que se devem incluir também páginas da *História do Brasil*. Drummond, idem. Em data posterior, em 1966, ele acrescentará, embaixo, em letra grande: "NÃO E NÃO". Não é nada mau para nós, agora, ficar do lado de Drummond e de Otto Maria Carpeaux. E Murilo, naturalmente, do céu dele nos sorri.

O livro que se segue, *O visionário*, composto entre 1930 e 1933, mas publicado só em 1941, com a sua "Jandira", eterno feminino sempre recorrente, com a sua "Pré-História", a meio caminho entre a "Ismália" de Alphonsus de Guimaraens e os "Mortos de Sobrecasaca" de Drummond, com suas mulheres de areia e seus universos lavados pelo dilúvio, é talvez, entre todos, e ao lado do futuro *A poesia em pânico*, de 1938, o mais intrinsecamente surrealista. Mas no entanto Murilo já tinha atravessado uma das crises de passagem da sua vida. Muito se tem falado da sua "conversão ao catolicismo", depois da morte do amigo entranhável, pintor e filósofo essencialista Ismael Nery. Mas o poeta que, em 1934, publicava em parceria com Jorge de Lima os poemas de *Tempo e eternidade*, sempre tinha sido católico, desde o nascimento, dentro de uma catolicíssima família mineira. O programa atual de "restaurar a poesia em Cristo" era programa estético, além de ético: programa de despojamento, em poesia como em religião, de regresso às origens, à igreja pobre das catacumbas como à poesia inspirada por um autêntico desejo de efusão lírica e de intervenção no real. E é por isso que nos livros a seguir (*Os quatro elementos*, composto em 1935, embora publicado dez anos depois; *A poesia em pânico*, 1938; *As metamorfoses*, composto entre 1938 e 1941 e só publicado em 1944; e *Mundo enigma*, composto em 1942 e publicado em 1945) já entram tantos poemas na linha do futuro Murilo europeu: comprometido com a realidade política e humana do mundo inteiro além da do seu país, inimigo de todas as ditaduras, de direita e de esquerda, adversário da bomba com que os dois blocos se ameaçavam. E, em 1941, será entregue às *Metamorfoses* o lamento deste Murilo europeu *ante litteram* contra o avanço da barbárie hitleriana: "Adeus ilustre Europa, os poemas de Donne, as sonatas de Scarlatti agitam os braços pedindo socorro: chegam os bárbaros de motocicleta, matando as fontes em que todos nós bebemos". Em 1947, quando aparece *Poesia liberdade*, o poeta já tem atrás de si a experiência da expressão aforística em prosa no *Discípulo de Emaús*. E já então o seu sonho chagalliano de sobrevoar a realidade tinha transcorrido na lúcida visão de quem procura recuperar a inocência através da contemplação silenciosa de Vermeer de Delft, enquanto na sua frente avança o ditador "montado num trator de cadáveres com uma grande espada para plantar no peito da Rússia". O lugar do poeta é no mundo, o seu ofício "desdobrar a poesia em planos múltiplos. E casar a branca flauta da ternura aos vermelhos clarins de sangue". Da janela do caos em que se instala, Murilo vê o céu cair das pombas, numa imagem surrealista que, porém, se aproxima mais a Sá de Miranda do que a Breton. Será esta *Janela do caos*, que encerra *Poesia liberdade*, o seu bilhete de visita europeu. Picabia a ilustrará numa edição de luxo editada em Paris em 1949 e Ungaretti a traduzirá para o italiano em 1961. São estes os anos em que Murilo, com um livro como a *Contemplação de Ouro Preto*, que é juntamente um exercício poético e uma oferta saudosista, diz adeus à pátria, a Minas, às igrejas de Ouro Preto, à constante presença barroca do Aleijadinho na sua vida e na sua imaginação e faz o grande salto que o leva à Europa. Mas aos olhos dos europeus que o acolhem então no seu convívio cotidiano, em Paris, na Bélgica, na Espanha, mas sobretudo na Itália, e o saúdam, nos anos da eclosão do projeto tropical, de Glauber Rocha e do cinema brasileiro, como o menos tropicalista dos autores vindos da América Latina, o grande salto não existe. Murilo é, desde sempre, um deles, com sua cultura, sua medida, sua ironia e abertura. Esta segunda parte da vida, do exílio sem regresso, será marcada por um sincretismo absoluto entre a poesia, a música e as artes plásticas: para quem vem de longe, a música e a pintura são formas de expressão mais imediatas do que as verbais, que precisam de um suporte linguístico específico para se manifestar. E eis portanto os livros e as plaquetes para os pintores. E eis sobretudo os grandes livros de poesia e de prosa em que o "menino sem passado" procura apoderar-se de uma Espanha de igrejas românicas e de poetas verticais (*Tempo espanhol*, 1959; *Espaço espanhol*, inédito ao momento da morte e agora incluído na edição da *Poesia completa e prosa*, de 1994); procura entrar na medula de uma Itália de poetas e de ruínas (*Siciliana*, 1959, *Italianíssima*, 1965, que inclui 7 "murilogramas" confluídos mais tarde no volume da *Convergência*) além de um Portugal ancestral de pessoas e monumentos (*Janelas verdes*, inédito ao momento da morte e só agora publicado). Mas será marcada também, esta segunda vida italiana de Murilo, pela saudade contínua de um Brasil longínquo, revisitado continuamente em sonho e suscitado com a "*madeleine*" de palavras-chave, como *farofa*, ou de recordações da meninice despreocupada em Juiz de Fora (*A idade do serrote*, 1968). Como será caracterizada pela contínua procura de uma "forma" poética, aberta às inovações vindas de toda parte, mas especialmente de um Brasil experimental de poesia concreta e invenções cabralinas (João Cabral foi sempre para Murilo um ponto de referência no universo Brasil). Saem daqui as propostas poéticas da *Convergência* (1970) e a prosa experimental do *Poliedro* (1972). Enraizado na Itália, prêmio internacional de poesia Etna-Taormina, Murilo torna-se poeta em italiano (*Ipotesi*, 1968, ed. 1977), assim como escreve em francês, no belo francês que sempre o caracterizou, prosas e poemas de circunstância (*Papiers,* também editado postumamente). Um grande poeta de quem o Brasil volta a apoderar-se nesta altura do seu retomo. E um poeta que, apesar do seu longo exílio, sempre foi, entranhadamente, na forma e na inspiração, poeta brasileiro.

Luciana Stegagno Picchio
Roma, julho de 1994.

POEMAS

POEMAS

1925-1929

CANÇÃO DO EXÍLIO

Minha terra tem macieiras da Califórnia
onde cantam gaturamos de Veneza.
Os poetas da minha terra
são pretos que vivem em torres de ametista,
os sargentos do exército são monistas, cubistas,
os filósofos são polacos vendendo a prestações.
A gente não pode dormir
com os oradores e os pernilongos.
Os sururus em família têm por testemunha a Gioconda.
Eu morro sufocado
em terra estrangeira.
Nossas flores são mais bonitas
nossas frutas mais gostosas
mas custam cem mil-réis a dúzia.

Ai quem me dera chupar uma carambola de verdade
e ouvir um sabiá com certidão de idade!

O MENINO SEM PASSADO

Monstros complicados
não povoaram meus sonhos de criança
porque o saci-pererê não fazia mal a ninguém
limitando-se moleque a dançar maxixes desenfreados
no mundo das garotas de madeira
que meu tio habilidoso fazia para mim.

A mãe-d'água só se preocupava
em tomar banhos asseadíssima
na piscina do sítio que não tinha chuveiro.

De noite eu ia no fundo do quintal
pra ver se aparecia um gigante com trezentos anos
que ia me levar dentro dum surrão,
mas não acreditava nada.

Fiquei sem tradição sem costumes nem lenda
estou diante do mundo
deitado na rede mole
que todos os países embalançam.

A SESTA

O sol bate em chapa nas casas antigas.
O mar embalança,
rede mole sem corpo de mulata,
verde azul lilás verde outra vez.
As praias espreguiçam-se malandras
é a hora das linhas repousantes

A buzina distante dum automóvel
chega até aqui com um som de lundu.
Um mulatinho magro com o desenho certo
chupa um pirulito devagarinho.
Dentro das casas pensativas
as meninas caem na madorna.

A música das serrarias aumenta a sonolência...
Os comerciantes torcem pra nenhum freguês entrar.

NOTURNO RESUMIDO

A noite suspende na bruta mão
que trabalhou no circo das idades anteriores
as casas que o pessoal dorme comportadinho
atravessado na cama
comprada no turco a prestações.

A lua e os manifestos de arte moderna
brigam no poema em branco.

A vizinha sestrosa da janela em frente
tem na vida um camarada
que se atirou dum quinto andar.
Todos têm a vidinha deles.

As namoradas não namoram mais
porque nós agora somos civilizados,
andamos no automóvel gostoso pensando no cubismo.

A noite é uma soma de sambas
que eu ando ouvindo há muitos anos.

O tinteiro caindo me suja os dedos
e me aborrece tanto:
não posso escrever a obra-prima
que todos esperam do meu talento.

NOITE CARIOCA

Noite da cidade de São Sebastião do Rio de Janeiro
tão gostosa
que os estadistas europeus lamentam ter conhecido tão tarde
Casais grudados nos portões de jasmineiros...
A baía de Guanabara, diferente das outras baías, é camarada,
recebe na sala de visita todos os navios do mundo
e não fecha a cara.
Tudo perde o equilíbrio nesta noite,
as estrelas não são mais constelações célebres,
são lamparinas com ares domingueiros,
as sonatas de Beethoven realejadas nos pianos dos bairros
[distintos
não são mais obras importantes do gênio imortal,
são valsas arrebentadas...
Perfume vira cheiro,
as mulatas de brutas ancas dançam o maxixe nos criouléus
suarentos.

O Pão de Açúcar é um cão de fila todo especial
que nunca se lembra de latir pros inimigos que transpõem a
[Barra
e às 10 horas apaga os olhos pra dormir.

OS DOIS LADOS

Deste lado tem meu corpo
tem o sonho
tem a minha namorada na janela
tem as ruas gritando de luzes e movimentos
tem meu amor tão lento
tem o mundo batendo na minha memória
tem o caminho pro trabalho.

Do outro lado tem outras vidas vivendo da minha vida
tem pensamentos sérios me esperando na sala de visitas
tem minha noiva definitiva me esperando com flores na mão,
tem a morte, as colunas da ordem e da desordem.

O POETA NA IGREJA

Entre a tua eternidade e o meu espírito
se balança o mundo das formas.
Não consigo ultrapassar a linha dos vitrais
pra repousar nos teus caminhos perfeitos.
Meu pensamento esbarra nos seios, nas coxas e ancas das
[mulheres,
pronto.
Estou aqui, nu, paralelo à tua vontade,
sitiado pelas imagens exteriores.
Todo o meu ser procura romper o seu próprio molde
em vão! noite do espírito
onde os círculos da minha vontade se esgotam.
Talhado pra eternidade das ideias
ai quem virá povoar o vazio da minha alma?

Vestidos suarentos, cabeças virando de repente,
pernas rompendo a penumbra, sovacos mornos,
seios decotados não me deixam ver a cruz.

Me desliguem do mundo das formas!

MAPA

A Jorge Burlamaqui

Me colaram no tempo, me puseram
uma alma viva e um corpo desconjuntado. Estou
limitado ao norte pelos sentidos, ao sul pelo medo,
a leste pelo Apóstolo São Paulo, a oeste pela minha educação.
Me vejo numa nebulosa, rodando, sou um fluido,
depois chego à consciência da terra, ando como os outros,
me pregam numa cruz, numa única vida.
Colégio. Indignado, me chamam pelo número, detesto a
[hierarquia.
Me puseram o rótulo de homem, vou rindo, vou andando,
[aos solavancos.
Danço. Rio e choro, estou aqui, estou ali, desarticulado,
gosto de todos, não gosto de ninguém, batalho com os
[espíritos do ar,
alguém da terra me faz sinais, não sei mais o que é o bem nem
[o mal
Minha cabeça voou acima da baía, estou suspenso, angustiado,
[no éter,
tonto de vidas, de cheiros, de movimentos, de pensamentos,
não acredito em nenhuma técnica.
Estou com os meus antepassados, me balanço em arenas
[espanholas,
é por isso que saio às vezes pra rua combatendo personagens
[imaginários,

depois estou com os meus tios doidos, às gargalhadas,
na fazenda do interior, olhando os girassóis do jardim.
Estou no outro lado do mundo, daqui a cem anos, levantando
[populações...
Me desespero porque não posso estar presente a todos os atos
[da vida.
Onde esconder minha cara? O mundo samba na minha cabeça.
Triângulos, estrelas, noite, mulheres andando,
presságios brotando no ar, diversos pesos e movimentos me
[chamam a atenção,
o mundo vai mudar a cara,
a morte revelará o sentido verdadeiro das coisas.

Andarei no ar.
Estarei em todos os nascimentos e em todas as agonias,
me aninharei nos recantos do corpo da noiva,
na cabeça dos artistas doentes, dos revolucionários.
Tudo transparecerá:
vulcões de ódio, explosões de amor, outras caras aparecerão
[na terra,
o vento que vem da eternidade suspenderá os passos,
dançarei na luz dos relâmpagos, beijarei sete mulheres,
vibrarei nos canjerês do mar, abraçarei as almas no ar,
me insinuarei nos quatro cantos do mundo.

Almas desesperadas eu vos amo. Almas insatisfeitas, ardentes.
Detesto os que se tapeiam,
os que brincam de cabra-cega com a vida, os homens "práticos"...
Viva São Francisco e vários suicidas e amantes suicidas,
e os soldados que perderam a batalha, as mães bem mães,
as fêmeas bem fêmeas, os doidos bem doidos.
Vivam os transfigurados, ou porque eram perfeitos ou porque
[jejuavam muito...
Viva eu, que inauguro no mundo o estado de bagunça
[transcendente.
Sou a presa do homem que fui há vinte anos passados,
dos amores raros que tive,
vida de planos ardentes, desertos vibrando sob os dedos do amor,
tudo é ritmo do cérebro do poeta. Não me inscrevo em nenhuma
[teoria,
estou no ar,
na alma dos criminosos, dos amantes desesperados,
no meu quarto modesto da praia de Botafogo,
no pensamento dos homens que movem o mundo,
nem triste nem alegre, chama com dois olhos andando,
sempre em transformação.

HISTÓRIA DO BRASIL

1932

PREFÁCIO DE PINZÓN

Quem descobriu a fazenda,
Por San Tiago, fomos nós.
Não pensem que sou garganta.
Se quiserem calo a boca,
Mando o Amazonas falar.
Mas como sempre acontece
Nós tomamos na cabeça,
Pois não tínhamos jornal.
A colônia portuguesa
Mandou para o jornalista
Um saquinho de cruzados.
Ele botou no jornal
Que o arquimedes da terra
Foi um grande português.

1500

A imaginação do Senhor
Flutua sobre a baía.
As pitangas e os cajus
Descansam o dia inteiro.
O céu, de manhã à tarde,
Faz pinturas de baú.
O Pão de Açúcar sonhou
Que um carro saiu da Urca
Transportando com amor
Meninas muito dengosas,
Umas, nuinhas da silva,
Outras, vestidas de tanga,
E mais outras, de *maillot.*
Chega um índio na piroga,
Tira uma gaita do cinto,
Que uma índia sai da onda,
Suspende o corpo no mar.
Nasce ali mesmo um garoto
Do corpo moreno dela,
No dia seguinte mesmo
O indiozinho já está
De arco e flecha na mão,
Olhando pro fim do mar.
De repente uma fragata

Brotou do chão da baía,
Sai um velho de tamancos,
Fica em pé no portaló,
Dá um grito: "Bofé, vilões!
Descobrimos um riacho
E a fruta aqui é bem boa".
No mesmo instante o garoto
Lhe respondeu: "Sai, azar!"
Despede uma flecha no velho
Que olha pro índio mais velho
Cheiinho de barbas brancas,
Pensa que é São Sebastião,
Dá um tremor no seu corpo
E zarpou para Lisboa.

CARTA DE PERO VAZ

A terra é mui graciosa,
Tão fértil eu nunca vi.
A gente vai passear,
No chão espeta um canito,
No dia seguinte nasce
Bengala de castão de oiro.
Tem goiabas, melancias.
Banana que nem chuchu.
Quanto aos bichos, tem-nos muitos.
De plumagens mui vistosas.
Tem macaco até demais.
Diamantes tem à vontade,
Esmeralda é para os trouxas.
Reforçai, Senhor, a arca.
Cruzados não faltarão,
Vossa perna encanareis,
Salvo o devido respeito.
Ficarei muito saudoso
Se for embora d'aqui.

PENA DE ANCHIETA

O padre era mesmo bom,
Não era padre, era santo.
Mandava na tempestade;
Um morto ressuscitou,
Um dia, pra batizar.
O índio levanta as armas
Para matar um cristão,
O padre está longe dele,
O vento vem lhe avisar,
O padre se concentrou,
Pensa com força no índio,
As armas dele caíram.

O padre era mesmo bom,
Deu a mão a muita gente,
Deu a luz a muita gente,
Muitos colégios fundou.
Escreveu poema na areia,
Não ligou para os leitores;
Só a Virgem pôde ler.

Tenho uma pena bem grande
De saber que ele ensinou
Somente aos índios espertos;
Que não estendeu o ensino
À colônia portuguesa.

Fizeram mal de botar
Este padre tão notável
Servindo de manequim
Na estátua positivista.

FICO

Eu fico, pois não,
Se a todos dou bem.
Preparem as mulatas,
Recheiem os p'rus,
Avisem os banqueiros,
Suprimam os chuveiros,
Me comprem mercúrio,
Afinem as guitarras,
Previnam o Chalaça,
Aprontem o *troley,*
Eu fico, mas vou
Falar com a Marquesa,
Já volto pra ceia.
Falando em comidas
Eu fico, pois não.

O PADRE DE FERRO

Este homem não entendeu
O caráter brasileiro
Quis deitar muita energia,
Acabou se dando mal.
Antes deixar como está
Para ver como é que fica!...

TANGO DE SOLANO LÓPEZ

Jô estava en el cabaré
No hacía mal a ninguém.
Até pensaba em mi madre,
Tres muchachos me pegáron
Pelas orelhas, bandidos,
Macaquitos vão na frente
Batendo o rabo, guinchando,
Jô não consigo pegáos,
A guerra me declaráron,
Perdi milhares de heróis,
A guerra era contra mi,
Atrás daqueles heróis,
Só procuravam a mi;
Telegrafei para Londres,
Precisava desse apoio
Para ser imperador,
Não só me pegam na orelha,
As orelhas me cortaram,
Mas meu rincão defendi;
Em castigo de mis farras
Ao Brasil deixé a orelha
Em testamento, olaré;
Mas deixei ao Paraguai
Mi amante corazón

HOMO BRASILIENSIS

O homem
É o único animal que joga no bicho.

O VISIONÁRIO

1930-1933

JANDIRA

O mundo começava nos seios de Jandira.

Depois surgiram outras peças da criação:
Surgiram os cabelos para cobrir o corpo,
(Às vezes o braço esquerdo desaparecia no caos).
E surgiram os olhos para vigiar o resto do corpo.
E surgiram sereias da garganta de Jandira:
O ar inteirinho ficou rodeado de sons
Mais palpáveis do que pássaros.
E as antenas das mãos de Jandira
Captavam objetos animados, inanimados,
Dominavam a rosa, o peixe, a máquina.
E os mortos acordavam nos caminhos visíveis do ar
Quando Jandira penteava a cabeleira...

Depois o mundo desvendou-se completamente,
Foi-se levantando, armado de anúncios luminosos.
E Jandira apareceu inteiriça,
De cabeça aos pés.
Todas as partes do mecanismo tinham importância.
E a moça apareceu com o cortejo do seu pai,
De sua mãe, de seus irmãos.
Eles é que obedecem aos sinais de Jandira

Crescendo na vida em graça, beleza, violência.
Os namorados passavam, cheiravam os seios de Jandira
E eram precipitados nas delícias do inferno.
Eles jogavam por causa de Jandira,
Deixavam noivas, esposas, mães, irmãs
Por causa de Jandira.
E Jandira não tinha pedido coisa alguma.
E vieram retratos no jornal
E apareceram cadáveres boiando por causa de Jandira.
Certos namorados viviam e morriam
Por causa de um detalhe de Jandira.
Um deles suicidou-se por causa da boca de Jandira.
Outro, por causa de uma pinta na face esquerda de Jandira.
E seus cabelos cresciam furiosamente com a força das máquinas;
Não caía nem um fio,
Nem ela os aparava.
E sua boca era um disco vermelho
Tal qual um sol mirim.
Em roda do cheiro de Jandira
A família andava tonta.
As visitas tropeçavam nas conversações
Por causa de Jandira.
E um padre na missa
Esqueceu de fazer o sinal da cruz por causa de Jandira.

E Jandira se casou.
E seu corpo inaugurou uma vida nova,
Apareceram ritmos que estavam de reserva,
Combinações de movimento entre as ancas e os seios.
À sombra do seu corpo nasceram quatro meninas que repetem
As formas e os sestros de Jandira desde o princípio do tempo
E o marido de Jandira
Morreu na epidemia de gripe espanhola.
E Jandira cobriu a sepultura com os cabelos dela.
Desde o terceiro dia o marido
Fez um grande esforço para ressuscitar:
Não se conforma, no quarto escuro onde está,
Que Jandira viva sozinha,
Que os seios, a cabeleira dela transtornem a cidade
E que ele fique ali à toa.

E as filhas de Jandira
Inda parecem mais velhas do que ela.
E Jandira não morre,
Espera que os clarins do juízo final
Venham chamar seu corpo,
Mas eles não vêm.
E mesmo que venham, o corpo de Jandira
Ressuscitará inda mais belo, mais ágil e transparente.

PRÉ-HISTÓRIA

Mamãe vestida de rendas
Tocava piano no caos.
Uma noite abriu as asas
Cansada de tanto som,
Equilibrou-se no azul,
De tonta não mais olhou
Para mim, para ninguém:
Cai no álbum de retratos.

LÁZARO

Levantei-me com toda a força do meu sangue
Do oco da sepultura onde estava.
Estendo os braços pra pentear as flores,
Pra acarinhar os corpos das mulheres
Dançando em torno da minha sepultura.

Percebo as coisas do mundo uma por uma,
Tudo está direitinho como outrora,
Não se alterou a vida dos elementos.
Até mesmo eu estou firme nos pedais,
Como antigamente, e reconheço
Os sofrimentos que já vão chegando.

As estrelas continuam a dança, obedientes,
Tudo está no seu lugar, a mulher à toa,
A pedra, a mãe, o irmão, todos enfim.
Só não vejo, até agora inda não vi,
O Deus que me mandou ressuscitar.

A MULHER DO DESERTO

A mulher de areia
Penteia os cabelos de folhas de palmeira,
Estende as mãos de cardo
Pedindo água,
Depois descansa as mãos de cardo
Na humildade da pedra.

A mulher do deserto
Pensa nos seus amores infelizes,
Pensa nos seus amores
Que se evaporam quando o sol nasceu.
Depois não pode mais pensar
Porque o tempo é pouco para pedir água.

METADE PÁSSARO

A mulher do fim do mundo
Dá de comer às roseiras,
Dá de beber às estátuas,
Dá de sonhar aos poetas.

A mulher do fim do mundo
Chama a luz com um assobio,
Faz a virgem virar pedra,
Cura a tempestade,
Desvia o curso dos sonhos,
Escreve cartas ao rio,
Me puxa do sono eterno
Para os seus braços que cantam.

GÊNESE PESSOAL

1

Então eu nasci na onda aérea,
Na idade mais recente do ar,
Me desliguei das camadas de ar,
Caí na escrivaninha do meu tio.

Uma serpente de pano levantou-se,
Apertei uma mola no seu ventre,
Saiu uma cantiga assim:

"Aprenda a engatinhar,
Meu menino. Qual o quê,
Aprenda a andar muito bem.
Que tua tia te dará
Aquela maçã tão bonita.
Se aprenderes a andar
Saberás o que se passa
Aqui neste mundo de Deus."

A cantiga me embalou.
Acordei depois
Nos braços do meu anjo da guarda
Que esteve preso muitos anos,
Foi solto por uma rainha chamada Isabel.

Só mais tarde
Ouvi meu tio gritar no corredor:
Abram a luz.

2

Quando me debrucei na janela
O dilúvio já tinha passado,
Foi recolhido nos tanques, nos moringues.
Alguns gatos e cachorros
Davam um concerto pra saudar o arco-íris.
Minha tia enfiou a cabeça dentro da arca,
Depois vestiu vestido de seda,
Calçou luvas de camurça
Pra ir ver a aliança de Deus.

Uma pomba pousou a hélice no telhado,
A criada abriu a porta:
Era Lili de Oliveira que entrava
Toda fogosa
Atraída pelo cheiro de maçã.
Naveguei muito tempo
Nas ondas do seio dela.
A chaminé da fábrica alemã apitou,
Estávamos chegando.

A pomba rola voou.
Meu tio pegou na espingarda do Paraguai
Que nunca negava fogo.
Azulei para a casa do vizinho,
Lili me levando pela mão,
Com os olhos fora das órbitas,
Vestida com a própria pele.

O FILHO PRÓDIGO

Serenamente? A alma insatisfeita
Viemos cortando as águas tenebrosas,
Impulsionados pelos ventos largos.
Meu pai me espera na varanda amena.
("Digo sim ao meu filho
Que volta para sugar meu sangue,
Acompanhado dos pássaros do meio-dia
Voando entre as arcadas tristes.
Solto na frente a estátua número três.
Se ouvem os clarins de vitrolas.")

E todos me felicitam vivamente.
Tenho uma grande ação a cumprir:
Falta-me coragem...
O peso desta ação a cumprir
Pesa demais sobre mim.
Além disto preciso eliminar
O céu, o inferno, o purgatório.
Serei talhado à imagem e semelhança da pedra.
Girândolas, foguetes, abraços.

Meu irmão:
"Não te comoves ao ver
A cara da tua amiga namorada?"
Então olho de fato pra Maria:
"O movimento atual de tuas ancas..."
Nos retratos da sala de espera
Flutuam cabeleiras de amadas dos outros.
Os outros: tios-minerais, primos-cactos...
"Sim! Nunca mais nos veremos,
Ó primas e tias de outrora;
E as que temos agora
Estão na frente de nós,
Não as podemos ver direito."

Os vizinhos me conduzem até à varanda.
"Meu pai,
Ao mesmo tempo meu filho e meu irmão,
Levei teu nome ao mundo inteiro,
Espalhei teu sangue,
Tomei éter,
Dei teu dinheiro aos sem-trabalho,
Não dormi, para construir as netas que não conheces...
Divulguei a raça do demônio,
O ódio, o mal, a desesperança.
Mas não quero continuar minha tarefa.

Dá tua herança aos urubus,
Joga teus mantimentos
Aos aviadores perdidos nas ilhas;
Enforquem minha namorada!"

Sacuda as asas,
Parto para o empíreo da cozinha.
Não me mato, estou cansado demais.

O DOENTE DO SÉCULO

Meu coração vai sangrando,
Se desfazendo aos pedaços,
Mas assim mesmo inda tem
Uns pedacinhos de pedra
Que resistem duramente:
A pedra resiste ao vento
De aridez, que vai passando,
Vem rolando, traiçoeiro,
Dos desertos da cabeça.
O vento insinua então:
"Siga firme para a frente,
Deixe a luz à sua direita,
Tome o rumo de Moscou,
Se inebrie com este coro
Que sai vibrante das máquinas,
Fuzile a palavra amém."
Mas quem sou eu neste mundo
Pra anular a tradição?
Venham, filhas da esperança,
Me levem na padiola
Para o chalé da ternura,
Acendam-me a luz do amor,
Desenrolem seus cabelos
Sobre o meu corpo, senão
Não terei culpa nenhuma
Se me matar amanhã.

TÉDIO NA VARANDA

Hesito entre as ancas da morena
Deslocando a rua,
E o mistério do fim do homem, por exemplo.
Dormir!

As camélias lambem
O sexo de teus lábios
Os pássaros da vertigem
Bicam estátuas de pano.
O mar fala a língua de p
Enquanto eu não tenho
Pés de vento
Mãos de metal.

As botas de sete pedras
Comem léguas de aborrecimento.

TEMPO E ETERNIDADE

1934

MEU NOVO OLHAR

Meu novo olhar é o de quem já sabe
Que alegria e ventura não permanecem.
Meu novo olhar é o de quem desvendou os tempos futuros
E viu neles a separação entre os homens,
O filho contra o pai, a irmã contra o irmão, o esposo contra a
[esposa
As igrejas dinamitadas, depois reconstruídas com maior fervor
Meu novo olhar é o de quem penetra a massa
E sabe que, depois dela ter obtido pão e cinema,
Guerreará outra vez para não se entediar.
Meu novo olhar é o de quem observa um casal belo e forte
E sabe que, sozinhos, se amam os dois com nojo.
Meu novo olhar é o de quem lúcido vê a dançarina
Que, para conseguir um movimento gracioso da perna,
Durante anos sacrificou o resto do seu ser.
Meu novo olhar é o de quem adivinha na criança
O futuro doente, o louco, a órfã, a perdida.
Meu novo olhar é o de quem transpõe as musas de passagem
E não se detém mais nas ancas, nas nucas e nas coxas,
Mas se dilata à vista da musa bela e serena,
A que me conduzirá ao amor essencial.

Meu novo olhar é o de quem assistiu à paixão e morte do
[Amigo,
Poeta para toda a eternidade segundo a ordem de Jesus Cristo,
E aquele que mudou a direção do meu olhar;
É o de quem já vê se desenrolar sua própria paixão e morte,
Esperando a integração do próprio ser definitivo
Sob o olhar fixo e incompreensível de Deus.

VOCAÇÃO DO POETA

Não nasci no começo deste século:
Nasci no plano do eterno,
Nasci de mil vidas superpostas,
Nasci de mil ternuras desdobradas.
Vim para conhecer o mal e o bem
E para separar o mal do bem.
Vim para amar e ser desamado.
Vim para ignorar os grandes e consolar os pequenos.
Não vim para construir minha própria riqueza
Nem para destruir a riqueza dos outros.
Vim para reprimir o choro formidável
Que as gerações anteriores me transmitiram.
Vim para experimentar dúvidas e contradições.

Vim para sofrer as influências do tempo
E para afirmar o princípio eterno de onde vim.
Vim para distribuir inspiração às musas.
Vim para anunciar que a voz dos homens
Abafará a voz da sirene e da máquina,
E que a palavra essencial de Jesus Cristo
Dominará as palavras do patrão e do operário.
Vim para conhecer Deus meu criador, pouco a pouco,
Pois se O visse de repente, sem preparo, morreria.

SALMO Nº 3

Eu te proclamo grande, admirável,
Não porque fizeste o sol para presidir o dia
E as estrelas para presidirem a noite;
Não porque fizeste a terra e tudo que se contém nela,
Frutos do campo, flores, cinemas e locomotivas;
Não porque fizeste o mar e tudo que se contém nele,
Seus animais, suas plantas, seus submarinos, suas sereias:
Eu te proclamo grande e admirável eternamente
Porque te fazes minúsculo na eucaristia,
Tanto assim que qualquer um, mesmo frágil, te contém.

URSS

URSS URSS
Virgem imprudente
Porque não compras azeite para tua lâmpada,
Porque só pensas no imediato e no finito?
URSS URSS
Um dia o Esposo há de vir,
Dará um grito agudo e será tarde.
Estavas fabricando teus tratores
Só te ocupavas com a produção dos kolkozes
E não reparaste que o Esposo já vem
Trancou-se no quarto vermelho com tuas irmãs
URSS

URSS URSS
Varre tuas casas teus parques de cultura
Solta no espaço teus aviões acende teus refletores
Chama teus vizinhos porque achaste o rublo perdido
A Palavra eterna que te alimenta sem que o saibas
URSS URSS

URSS
Já dispersaste teus bens
Para procurar o que existe em ti desde o princípio.
Volta ao lar do teu Pai onde há muitas moradas
Volta para a comunidade dos filhos de Deus
Ó pródiga ó generosa

Ouvirás a sinfonia complexa dos órgãos, dos sinos
Misturados com os apitos de sirenes das fábricas
E verás a dança múltipla dos irmãos que te aclamam
Ó irmã transviada
URSS URSS URSS.

A MORTA VIVA

Maria do Rosário estendida no caixão
Toda vestida de branco aos vinte anos
Está cercada de angélicas e de moscas.
Seu rosto é inviolavelmente puro e simples.
Telefonam telefonam telefonam.

Inclino-me sem chorar sobre seu corpo.
Só agora lhe digo a palavra de ternura
Que ela nunca pode conseguir de mim,
A palavra que talvez justificasse uma vida,
A palavra que eu nunca tive a força de dizer.

Só agora sei que a amo, de um amor definitivo.
Só agora me descobri seu companheiro para sempre.
A eternidade irrompeu no tempo, violentíssima.

POEMA ESSENCIALISTA

A Aníbal Machado

A madrugada de amor do primeiro homem
O retrato da minha mãe com um ano de idade
O filme descritivo do meu nascimento
A tarde da morte da última mulher
O desabamento das montanhas, o estancar dos rios
O descerrar das cortinas da eternidade
O encontro com Eva penteando os cabelos
O aperto de mão aos meus ascendentes
O fim da ideia de propriedade, carne e tempo
E a permanência no absoluto e no imutável.

OS QUATRO ELEMENTOS

1935

ANONIMATO

Uma mulher na varanda
Se debruça sobre o mar
Contempla as gaivotas gêmeas
Espera uma carta de amor

Brilha o cemitério aéreo
As nuvens jogam boxe

Passam meninas cantando

Não sabem que sou poeta
E o amor que existe em mim.

O POETA MARÍTIMO

A noite vem de Boenéu
Clotilde se emola no astracã
A tempestade lava os ombros da pedra
O grande navio ancora nos peixes dourados
Um menino serve-se da história de Robinson
Alguém grita
Pedindo uma outra vida um outro sonho
Um outro crime
Entre o amor e o álcool
Entre o amor e o mar
Ouve-se distintamente
O respirar das hélices
O céu inventou o vento
A sereia enrola o mar com o rabo.

REFLEXÃO Nº 1

Ninguém sonha duas vezes o mesmo sonho
Ninguém se banha duas vezes no mesmo rio
Nem ama duas vezes a mesma mulher.
Deus de onde tudo deriva
E a circulação e o movimento infinito.

Ainda não estamos habituados com o mundo
Nascer é muito comprido.

MOZART

Manhã da vida
Asas no céu translúcido
Jardins de nuvens
Movidos pelo som
Mozart aero-amigo!
Poeta sem véspera
Sem remorso
Nem sombra do crime
O mundo lavado
Se levanta com quatro anos cantando
Ó piano violino viola nuvem azul
Ó flauta e paz.

ESTRELAS

Há estrelas brancas, azuis, verdes, vermelhas.
Há estrelas-peixes, estrelas-pianos, estrelas-meninas,
Estrelas-voadoras, estrelas-flores, estrelas-sabiás.
Há estrelas que veem, que ouvem,
Outras surdas e outras cegas.
Há muito mais estrelas que máquinas, burgueses e
[operários:
Quase que só há estrelas.

CARTA MARÍTIMA

A gaivota-correio chega pontualmente:
"Corre tudo em ordem no meu corpo
Os peixes passam o pente fino nas ondas
Espera-se uma forte tempestade
O monumento de areia foi inaugurado
Com grande afluência de siris e conchas
Os meninos soltaram um barco-papagaio
O farol rodou uma nova cor
Achei uma fotografia linda
Do veleiro em que papai viajava."

O HOMEM E A ÁGUA

As mãos têm hélice, tempestade e bússola.
Os pés guardam navios
Aparelham para o Oriente
O olho tem peixes,
A boca, recifes de coral;
Os ouvidos têm noites polos e lamento de ondas.

A vida é muito marítima.

O OBSERVADOR MARÍTIMO

Em pé no monumento das nuvens
Registro os crimes do horizonte
A submersão dos navios
O mau tratamento aos clandestinos
A angústia das gaivotas e dos afogados
O suicídio da filha do faroleiro
O transporte das escravas brancas
O transporte de armas para o massacre dos coloniais
A fragmentação de Leviatã em mil pedaços
O frio e a fome dos passageiros de terceira
O assassínio dos peixes indefesos
A confusão do alfabeto das conchas
E o inexplicável desaparecimento da sereia sueca.

MENINOS

Sentado à soleira da porta
Menino triste
Que nunca leu Júlio Verne
Menino que não joga bilboquê
Menino das brotoejas e da tosse eterna

Contempla o menino rico na varanda
Rodando na bicicleta
O mar autônomo sem fim

É triste a luta das classes.

MUROS

1

O pintor de olho vertical
Olha fixamente para o muro
Descobre pouco a pouco
Uma perna um braço um tronco
A cara de uma mulher
Uma floresta um peixe uma cidade
Uma constelação um navio.

Muro, nuvem do pintor

2

O muro é um álbum em pé
Política poesia
Desordem sonhos projetos
Anseios e desabafos
Um coração atravessado por uma flecha
"Gravo aqui neste muro
O amor de João Ventania por Madalena"
Datas de crimes, de encontros e de idílios
VIVA O COMONISMO

3

Pedra úmida
Altar frio imagens ignóbeis
Flores de papel ímã de moscas
O lugar triste e árido
O contrário do arco-íris.
Baixará o Cristo aqui?
Ele baixou num estábulo
Baixou mesmo até em mim.

(escrito na parede de uma igreja)

ANTIELEGIA Nº 3

As magnólias avançam com um ímpeto inesperado
São ombros nus é o luar o vidro de veneno
Deve haver um homicídio uma pergunta à esfinge
Um ultimato ao sonho um arroubo do universo.
À meia-noite em ponto bate o mar na varanda
É impossível deixar de acontecer alguma coisa
Há uma espera vã – raptaram as nebulosas.

A POESIA EM PÂNICO

1936-1937

POEMA VISTO POR FORA

O espírito da poesia me arrebata
Para a região sem forma onde passo longo tempo imóvel
Num silêncio de antes da criação das coisas.
Súbito estendo o braço direito e tudo se encarna:
O esterco novo da volúpia aquece a terra,
Os peixes sobem dos porões do oceano,
As massas precipitam-se na praça pública.
Bordéis e igrejas, maternidades e cemitérios
Levantam-se no ar para o bem e para o mal.

Os diversos personagens que encerrei
Deslocam-se uns dos outros, fundam uma comunidade
Que eu presido ora triste ora alegre.

Não sou Deus porque parto para Ele,
Sou um deus porque partem para mim.
Somos todos deuses porque partimos para um fim único.

METAFÍSICA DA MODA FEMININA

Tudo o que te rodeia e te serve
Aumenta a fascinação e o mistério.
Teu véu se interpõe entre ti e meu corpo,
É a grade do meu cárcere.
Tuas luvas macias ao tacto
Fazem crescer a nostalgia das mãos
Que não receberam meu anel no altar.
Tua maquilagem
É uma desforra sobre a natureza.
Tuas joias e teus perfumes
São necessários a ti e à ordem do mundo
Como o pão ao faminto.
Eu me enrolo nas tuas peles nos teus boás
Rasgo teu peitilho de seda
Para beijar teus seios brancos
Que alimentam os poemas
Entreabro a túnica fosforescente
Para me abrigar no teu ventre glorioso
Que ampliou o mundo ao lhe dar um homem a mais.
Teus vestidos obedecem a um plano inspirado
Correspondem-se com o céu com o mar as estrelas
Com teus pensamentos teus desejos tuas sensações.
A natureza inteira
É retalhada para ornar teu corpo

Os homens derrubam florestas
Descem até o fundo das minas e dos mares
Movem máquinas teares
Soltam os aviões nos ares
Lutam pela posse da terra matam e roubam pelo teu corpo.
O mundo sai de ti, vem desembocar em ti
E te contempla espantado e apaixonado,
Arco-íris terrestre,
Fonte da nossa angústia e da nossa alegria.

Tudo o que faz parte de ti – desde teus sapatos –
Está unido ao pecado e ao prazer,
À teologia, ao sobrenatural.

POEMA DO FANÁTICO

Não bebo álcool, não tomo ópio nem éter,
Sou o embriagado de ti e por ti.
Mil dedos me apontam na rua:
Eis o homem que é fanático por uma mulher.

Tua ternura e tua crueldade são iguais diante de mim
Porque eu amo tudo o que vem de ti.
Amo-te na tua miséria e na tua glória
e te amaria mais ainda se sofresses muito mais.

Caíste em fogo na minha vida de rebelado.
Sou insensível ao tempo – porque tu existes.
Eu sou fanático da tua pessoa,
Da tua graça, do teu espírito, do aparelhamento da tua vida.
Eu quisera formar uma unidade contigo
E me extinguir violentamente contigo na febre da minha, da
[tua, da nossa poesia

A CASA DOS ÁTRIDAS

Levem-me da casa dos Átridas, levem-me desta varanda
De onde vejo rir o mar limitado e cruel.
Levem-me desta casa de prazer e de angústia
Onde os filhos se levantam contra os pais
Onde os irmãos ardem em febre pelas irmãs
E os pais suicidam-se por causa das filhas.
Levem-me destas salas coloniais, espaçosas e brancas,
Onde os espíritos do mal confabulam atrás das cortinas,
Senão me despencarei das cortinas, me enforcarei como meu tio

Arrastando na minha queda a nostalgia dos poetas.

Até quando deverei opor a minha nudez
Ao mistério da tua insaciabilidade?
Nada tenho para te oferecer, senão os crimes de outrem.
Ah! Dinamitem a casa dos Átridas, para que se dissolva
A espessura das gerações anteriores.

POEMA ESPIRITUAL

Eu me sinto um fragmento de Deus
Como sou um resto de raiz
Um pouco de água dos mares
O braço desgarrado de uma constelação.

A matéria pensa por ordem de Deus,
Transforma-se e evolui por ordem de Deus.
A matéria variada e bela
É uma das formas visíveis do invisível.
Cristo, dos filhos do homem és o perfeito.

Na Igreja há pernas, seios, ventres e cabelos
Em toda parte, até nos altares.
Há grandes forças de matéria na terra no mar e no ar
Que se entrelaçam e se casam reproduzindo
Mil versões dos pensamentos divinos.
A matéria é forte e absoluta
Sem ela não há poesia.

QUATRO HORAS DA TARDE

Não vejo ninguém vivo nesta cidade enorme:
Daqui a cinquenta anos estarão todos no cemitério.
Vejo somente a água, a pedra fixa
Que me transportam ao princípio do tempo.

Quem são estes fantasmas que se movem nas ruas
Agitando bandeiras, levantando os braços, tocando tambores?
Quem são estes velhos que andam de velocípede,
Quem são estes bebês empunhando machados?

Procuro a amiga tão bela e necessária.
Se não está comigo, em mim, é porque não existe.
Ó minha amiga, surge em corpo, senão acreditarei
Que também eu próprio não existo.

De quem é este manto de púrpura que arrastam no chão?
Não é para mim, talvez para um operário.
Cubramos com ele o sexo de Madalena
Que me espera num porão da Idade Média.

Um manequim assassina um homem por amor.
Sete pianos ululam na extensão do asfalto.
Um arcanjo sólido descerra o vale de Josafá
Apresentando-me à última mulher que existirá no mundo.

Vamos voltar para a água.

IGREJA MULHER

A igreja toda em curvas avança para mim,
Enlaçando-me com ternura – mas quer me asfixiar.
Com um braço me indica o seio e o paraíso,
Com outro braço me convoca para o inferno.
Ela segura o Livro, ordena e fala:
Suas palavras são chicotadas para mim, rebelde.
Minha preguiça é maior que toda a caridade.
Ela ameaça me vomitar de sua boca,
Respira incenso pelas narinas.
Sete gládios sete pecados mortais traspassam seu coração.
Arranca do coração os sete gládios
E me envolve cantando a queixa que vem do Eterno,
Auxiliada pela voz do órgão, dos sinos e pelo coro dos
[desconsolados.
Ela me insinua a história de algumas suas grandes filhas
Impuras antes de subirem para os altares.
Aponta-me a mãe de seu Criador, Musa das musas,
Acusando-me porque exaltei acima dela a mutável Berenice.
A igreja toda em curvas
Quer me incendiar com o fogo dos candelabros.
Não posso sair da igreja nem lutar com ela
Que um dia me absolverá
Na sua ternura totalitária e cruel.

AS METAMORFOSES

1938-1941

IDEIA FORTÍSSIMA

Uma ideia fortíssima entre todas menos uma
Habita meu cérebro noite e dia,
A ideia de uma mulher, mais densa que uma forma.
Ideia que me acompanha
De uma a outra lua,
De uma a outra caminhada, de uma a outra angústia,
Que me arranca do tempo e sobrevoa a história,
Que me separa de mim mesmo,
Que me corta em dois como o gládio divino.
Uma ideia que anula as paisagem exteriores,
Que me provoca terror e febre,
Que se antepõe à pirâmide de órfãos e miseráveis,
Uma ideia que verruma todos os poros do meu corpo
E só não se torna o grande cáustico
Porque é um alívio diante da ideia muito mais forte e
[violenta de Deus.

PASTORAL

Traze a sandália e o bordão para passearmos no campo sereno.
Somos contemporâneos de raças extintas,
Viemos de torres golpeadas e de hóstias profanadas.
Até que desçamos para os rios invisíveis
Convém dançar entre os humanos, comer o pão e o mel.
Os imortais nos aguardam nas esferas da música:
Muitos pássaros, muitas luas viajantes têm nostalgia de nós.
Esquadrilhas de mitos são enviadas para nos protegerem.
Hospedamos companheiros imprevistos,
O Máscara de Ferro, Nosferatu,
Ou então a Órfã do Castelo Negro.
As fontes esperam nosso sinal para murmurarem,
E os germes da peste se contêm ante a nossa benção.
Paz aos corpos insaciados de amor, aos membros genitais em
[delírio:

Suspendei de novo no azul a gaiola dos anjos,
Voltem de novo os lírios do vale em lugar dos fuzis.

ESTUDO Nº 3

Abre-se a luz em rosácea,
Tristeza do homem, glória de Deus.

Este fio de água cantando
Vem das fontes primitivas.
Um coro invisível de pássaros
Alterna com escalas de piano.

Os homens se ocultam,
Os anjos se manifestam.
A grande dignidade das pedras
Exclui arcos de triunfo.

Observo a janela aberta:
Quantos braços e seios,
Quantos cabelos e torsos,
Quantas vidas obscuras a habitaram.

Deus me dá sua fome e sede:
Não morrerei eternamente.

POEMA LÍRICO

Amiga, amiga! De braço dado atravessamos o arco-íris.
Quem nos dá esta força que nos impele acima do mar e das
[montanhas?
Deixamos lá embaixo os bens materiais e a violência da vida.
Amiga, amiga! Teu rosto é semelhante à lua moça,
Há nas tuas roupas um cheiro bom de mato virgem.
Tua fala saiu da caixinha de música dos meus sete anos,
E te empinas no azul com a graça dos papagaios que eu soltava.
Ó amiga! Deixamos o reino dos homens bárbaros
Que fuzilam crianças com bonecas ao colo,
E eis-nos livres, soprados pelos ventos,
Até onde não alcançam os aparelhos mecânicos.
Unidos num minuto ou num século, que importa.

Agarrados à cauda de um cometa percorremos a criação.
Teu rosto desvendou os olhos comunicantes.
Não há mistério: só nós dois sabemos nosso nome,
E as fronteiras entre amor e morte.
Eu sou o amante e tu és a amada.
Para que organizar o tempo e o espaço?

ENCONTROS

Os peixes movem as antenas
Para me escutarem,
Os bichos do campo fiam a minha roupa.
Dou uma grande ceia aos pássaros.
Três estátuas de antigo mármore
Surgem do chão da Grécia num abraço.
Recolho na pupila os últimos vestígios do dilúvio.
A dançarina adere ao meu o corpo aprendiz:

Porque o princípio divino se cumpriu,
Porque a morte morreu.
Onde está, ó morte, tua vitória?

ARMILAVDA

Armilavda, ó doce Armilavda,
Lembras-te do tempo em que descobríamos o universo,
Em que ficávamos na varanda à espera da lua chegar,
Retendo a respiração diante do movimento das ondas?
Em que folheávamos grandes livros de gravuras,
Ou então nos debruçávamos sobre o mapa da terra.
Lembras-te quando te apontei um dia a Áustria,
A Índia com seus palácios e seus deuses,
A China da surpresa e das metamorfoses?

Armilavda,
Sei que te lembras do tempo
Em que íamos para o campo assistir à germinação da semente
(Corrias, solta a cabeleira ao vento,
Tuas pernas eram fortes e polidas
Como as da dançarina que eu vi no ginásio de dança,
E os laçarotes azuis do teu vestido
Se confundiam com as borboletas do mato).
Sei que te lembras do jogo de bilboquê no quarto ladrilhado,
Da noite em que surgiste de dominó para o baile de máscaras,
De nossas primas tocando piano a quatro mãos,
Das chuvas de pedra e do sinal de Deus na nuvem.

Que te lembras de tudo. Das nossas respirações em suspenso,
Das longas confidências no jardim de magnólias,

Do movimento das ondas, lá fora, despenteando a praia.
Sei que guardaste todas as imagens,
Que de vez em quando sobe-te às narinas o cheiro das
[magnólias
E que reconstituis o nosso tempo antigo.

Armilavda, Armilavda,
O tempo é o mesmo, germina nos campos a semente de
[outrora,
A lua chega esta noite entre nuvem e presságio,
As ondas lá fora despenteiam a praia.

Armilavda, Armilavda, o tempo é o mesmo:
As espadas dos tiranos retalham as partituras das sinfonias
[austríacas,
Nos palácios da Índia com seus deuses
Lutam tropas de párias e soldados nus,
Na China da surpresa e das metamorfoses
Morrem crianças e velhos metralhados.
Consultáramos tantos mapas, lêramos tantos livros...
Mas não tínhamos lido a história de Abel e Caim...

A MARCHA DA HISTÓRIA

Eu me encontrei no marco do horizonte
Onde as nuvens falam,
Onde os sonhos têm mãos e pés
E o mar é seduzido pelas sereias.

Eu me encontrei onde o real é fábula,
Onde o sol recebe a luz da lua,
Onde a música é pão de todo dia
E a criança aconselha-se com as flores,

Onde o homem e a mulher são um,
Onde espadas e granadas
Transformaram-se em charruas,
E onde se fundem verbo e ação.

CAVALOS

Pela grande campina deserta passam os cavalos a galope.
Aonde vão eles?
Vão buscar a cabeça do delfim rolando na escadaria.
Os cavalos nervosos sacodem no ar longas crinas azuis.
Um segura nos dentes a branca atriz morta que retirou das
[águas,
Outros levam mensagens do vento aos exploradores
[desaparecidos,
Ou carregam trigo para as populações abandonadas pelos
[chefes.
Os finos cavalos azuis relincham para os aviões
E batem a terra dura com os cascos reluzentes.
São os restos de uma antiga raça companheira do homem
Que os vão substituir pelos cavalos mecânicos
E atirá-los ao abismo da história.
Os impacientes cavalos azuis fecham a curva do horizonte,
Despertando clarins na manhã.

Esta noite eu te encontro nas solidões de coral
Onde a força da vida nos trouxe pela mão.
No cume dos redondos lustres em concha
Uma dançarina se desfolha.
Os sonhos da tua infância
Desenrolam-se da boca das sereias.

A grande borboleta verde do fundo do mar
Que só nasce de mil em mil anos
Adeja em torno a ti para te servir,
Apresentando-te o espelho em que a água se mira,
E os finos peixes amarelos e azuis
Circulando nos teus cabelos
Trazem pronto o líquido para adormecer o escafandrista.
Mergulhamos sem pavor
Nestas fundas regiões onde dorme o veleiro,
À espera que o irreao não se levante em aurora
Sobre nossos corpos que retornam à água do paraíso.

OS AMANTES SUBMARINOS

Esta noite eu te encontro nas solidões de coral
Onde a força da vida nos trouxe pela mão.
No crume dos redondos lustres em concha
Uma dançarina se desfolha.
Os sonhos da tua infância
Desenrolam-se da boca das sereias.
A grande borboleta verde do fundo do mar
Que só nasce de mil em mil anos
Adeja em torno a ti para te servir,
Apresentando-te o espelho em que a água se mira,
E os finos peixes amarelos e azuis
Circulando nos teus cabelos
Trazem pronto o líquido para adormecer o escafandrista.
Mergulhamos sem pavor
Nestas fundas regiões onde dorme o veleiro,
À espera que o irreal não se levante em aurora
Sobre nossos corpos que retornam à água do paraíso.

A LIBERDADE

Um buquê de nuvens:

O braço duma constelação
Surge entre as rendas do céu.

O espaço transforma-se a meu gosto,
É um navio, uma ópera, uma usina,
Ou então a remota Persépolis.

Admiro a ordem da anarquia eterna,
A nobreza dos elementos
E a grande castidade da Poesia.

Dormir no mar! Dormir nas galeras antigas!

Sem o grito dos náufragos,
Sem os mortos pelos submarinos.

1941

Adeus ilustre Europa
Os poemas de Donne, as sonatas de
Scarlatti
Agitam os braços pedindo socorro:
Chegam os bárbaros de motocicleta,
Matando as fontes em que todos nós
bebemos.

Somos agora homens subterrâneos,
Andamos de muletas
Preparadas pelos nossos pais.

O ar puro e a inocência
Estão mais recuados do que os deuses
gregos.

Somos o pó do pó,
Fantasmas gerados pelos próprios filhos.
Nunca mais voltará a fé aos nossos
corações,
Adeus ilustre Europa.

ACORDAR

Passo a mão pela cabeça
A tempo de ver sumir a última estrela:
A manhã veste a camisa.
Levanto-me vacilando do leito-navio,
Primeiros pássaros oboés.
O monumento do Tempo
Avança feroz para mim.
Sou meu irmão, um homem
Que ainda não foi fuzilado.
Apalpo-me
        Sou eu mesmo
                Quase acordei.

O NASCIMENTO DO MITO

1

A menina de cabelos cacheados
Brinca com o arco na nuvem.

Escolho as sombras que bem quero
No perfil das árvores,

Conto as estrelas pelos dedos,
Faltam várias ao trabalho.
Desmontam o universo-manequim:
Alguém moveu Sírius de um lado para
outro,
A noite explode em magnólias.

Carregam a areia do mar
Para a ampulheta do tempo.

Escuta as plantas crescerem
E o diálogo sinistro contínuo
Das ondas com o horizonte.

2

Homens obscuros edificam
Em ligação com os elementos
O monumento do sonho
E refazem pela Ode
O que os tanques desfizeram.

A PRIMEIRA COMUNHÃO

Nunca tive um dia tão azul assim
Meninos a soltar papagaios
Longínquos sons de flauta
Sinos velozes no sol
O mundo de cabeça para baixo
Aspirava à alegria:

E eu triste estremecendo
Na minha roupa de veludo
Não senti a presença real.

AEROPOEMA

Pelos caminhos da noite
Mudei as asas de bronze.

O sonho me disse: Bebe,
Que eu sustento a copa amiga.

Quando acabei de beber
Atirou-me a sede ao chão.

A morte de guarda-chuva
Me espera lúcida e fria.

VISÃO LÚCIDA

– Debruçado à varanda
Que enxergas no horizonte?

– Órfãos, loucos, aleijados
Em carros tintos de sangue,
E cegos guiados por cegos.

– Que enxergas mais no horizonte?

– Vejo a morte graciosa.

– Vês a morte graciosa?

– Sim, ela inda é muito moça,
Prepara o vestido novo
Para receber a guerra
Que cresce no bojo desta.

MUNDO ENIGMA

1942

TOBIAS E O ANJO

1

Eles já caminharam muito
Ao som das trombetas pascais,
Mergulhando nas árvores
Que de perto são verdes
Mas têm uma profundidade azul.

Já o grande Peixe investiu contra o moço dançarino.
Já deixaram atrás os muros de Ecbatana
E o perfil de Sara:
O vento varre as omoplatas da pedra.

Da castidade dos sinos
A noite agora surgiu.
O moço caminha só
Nas avenidas desertas.

2

O demônio moderno, áspero anjo,
Que pretendes enfim que eu te anuncie?
Ao fim dos sinos já encontramos a noite clássica,
E o profundo buquê de nuvens nos acena.

Nunca estaremos sós: pássaros e máquinas,
Vegetais marchando, espíritos desencadeados
Serão para sempre nossos cúmplices.

Do pálido asfalto
Se levanta a morte.
Jamais te encontrarei,
Adeus, invisível mundo.

NATUREZA

Contempla estas montanhas lavadas
E a luz que desce em oblíqua dança.
Tudo chega de um mundo antiquíssimo
Onde encontraremos pedaços desajustados de fotografias:
Recortes de pensamentos visuais
E um amor que não quer colaborar com a morte
– Vasto pássaro bicando as montanhas lavadas.

EMAÚS

Sempre és o hóspede – nunca és o rei.
Muito mais derrotado que vitorioso.
Quando chegas e bates ao meu coração
Eu não te reconheço – há luz demais –
Debruço-me sobre as gravuras do caminho.
Quando te afastas – acompanhado pelo peixe azul –
Quando as formas se movem como num aquário,
Então eu levanto enternecido a lanterna
E logo começo a desejar que voltes,
Fascinado pela tua obscuridade.

ANA LUÍSA

Ana Luísa
Tuberculosa incomparável
Tens um farrapo de vida
Mas um corpo forte sensual
Uma cabeça vitoriosa
Plantada num tronco largo.

Estás sendo lentamente devorada
Por seres microscópicos
Ana Luísa.

No sanatório usavas lentes escuras
Para esconder teus célebres olhos azul-cinza.
E tinhas medo do definitivo e monumental:
Estendida continuamente na espreguiçadeira,
Da força das montanhas te ocultavas.
De nada te valeu minha ternura,
De nada tua beleza te valeu.

Talvez te tornes para sempre invisível
Agora que eu te arranquei da penumbra dos tempos
Ana Luísa.

A NOITE EM 1942

1

Há um sopro geral
Sopro melancólico
De pobre alma
Que se debate
Pulmão se esvaziando.

Noite convexa
Noite de metal e gritos de recém-nascidos,
Mais tristes que de agonizantes.

Tuas penas de amor
Alimentam seres desertos

A fatalidade com pés de bronze
Anuncia as núpcias solenes

– Cerimônia matemática –
Do adolescente e da guerra.

Sopro geral
Pulmão se esvaziando.

2

O vampiro Ditador
Semeou espadas
Colhe cadáveres.
Mais exigente que Vênus
Assobiando percorre
Os quatro cantos do mundo.

Todos se olham
Com pupilas de terror,
Malditos que regressam
Da cidade de cinzas.
Estrela azul
Do doce espanto,
Caixa de música da branca infância
Onde vos encontrarei?
Nem no outro mundo
Nem neste.

Inútil dança
Tudo é cruel.

POEMA BARROCO

Os cavalos da aurora derrubando pianos
Avançam furiosamente pelas portas da noite.
Dormem na penumbra antigos santos com os pés
[feridos,
Dormem relógios e cristais de outro tempo, esqueletos de
[atrizes.
O poeta calça nuvens ornadas de cabeças gregas
E ajoelha-se ante a imagem de Nossa Senhora das
[Vitórias
Enquanto os primeiros ruídos de carrocinhas de
[leiteiros
Atravessam o céu de açucenas e bronze.

Preciso conhecer meu sistema de artérias
E saber até que ponto me sinto limitado
Pelos sonhos a galope, pelas últimas notícias de
[massacres,
Pelo caminhar das constelações, pela coreografia dos
[pássaros,
Pelo labirinto da esperança, pela respiração das plantas,
E pelos vagidos da criança recém-parida na Maternidade.
Preciso conhecer os porões da minha miséria,

Tocar fogo nas ervas que crescem pelo corpo acima,
Ameaçando tapar meus olhos, meus ouvidos,
E amordaçar a indefesa e nua castidade.
É então que viro a bela imagem azul-vermelha:
Apresentando-me o outro lado coberto de punhais,
Nossa Senhora das Derrotas, coroada de goivos,
Aponta seu coração e também pede auxílio.

POESIA LIBERDADE

1943-1945

POEMA DA TARDE

A tarde move-se entre os galhos de minhas mãos.
Uma estrela aparece no fim deste meu sangue,
Minha nuca recebeu o hálito fino de uma rosa branca.
Todas as formas servem-se mutuamente,
Umas em pé, outras se ajoelhando, outras sentadas,
Regando o coração e a cabeça do homem:

E dentre os primeiros véus surge Maria da Saudade
Que, sem querer, canta.

A CEIA SINISTRA

1

Sentamo-nos à mesa servida por um braço de mar.

Eis a hora propiciatória, augusta,
A hora de alimentar os fantasmas.
?Quem vem lá, montado num trator de cadáveres,
Com uma grande espada para plantar no peito da Rússia.
Outros estendem bandeiras de todos os países,
Fazem uma cortina de névoa que esconde o cavaleiro

O homem morre sem ainda saber quem é.
A morte coletiva apodera-se da morte de cada um.
A terra chove suor e sangue,
As ondas mugem.

2

O tanque comanda o homem.
A alma oprimida soluça
Num ângulo do terror.
Alma antiquíssima e nova,
?Tua melodia onde está.
O pássaro, a fonte, a flauta,
A estrela, o gado manso te esperam
Para os batizares de novo.

Sentados à mesa circular
Aguardamos o sopro do dia.

3

Os mortos perturbarão a festa inútil.
?Quem lhes trouxe ternura e presentes – em vida.
?Quem lhes inspirou pensamentos e amores castos – em
[vida.
?Quem lhes arrancava das mãos as espadas e o fuzil –

Agora eles não precisam mais de carinho ou de flores.
Agora eles estão libertos, vivos,
Pisando calmos sobre nossas covas.

Abraçados à vasta mesa circular
Comemos o que roubamos aos mortos conhecidos e
[anônimos

VERMEER DE DELFT

É a manhã no copo:
Tempo de decifrar o mapa
Com seus amarelos e azuis,
De abrir as cortinas (o sol frio nasce
Nos ladrilhos silenciosos),
De ler uma carta perturbadora
Que veio pela galera da China:
Até que a lição do cravo
Através dos seus cristais
Restitui a inocência.

OFÍCIO HUMANO

As harpas da manhã vibram suaves e róseas.
O poeta abre seu arquivo – o mundo –
E vai retirando dele alegria e sofrimento
Para que todas as coisas passando pelo seu coração
Sejam reajustadas na unidade.

É preciso reunir o dia e a noite,
Sentar-se à mesa da terra com o homem divino e o
[criminoso,
É preciso desdobrar a poesia em planos múltiplos
E casar a branca flauta da ternura aos vermelhos clarins
[do sangue.
Esperemos na angústia e no tremor e fim dos tempos,
Quando os homens se fundirem numa única família,
Quando se separar de novo a luz das trevas
E o Cristo Jesus vier sobre a nuvem,
Arrastando por um cordel a antiga Serpente vencida.

MURILO MENINO

Eu quero montar o vento em pelo,
Força do céu, cavalo poderoso
Que viaja quando entende, noite e dia.

Quero ouvir a flauta sem fim do Isidoro da flauta,
Quero que o preto velho Isidoro
Dê um concerto com minhas primas ao piano,
Lá no salão azul da baronesa.

Quero conhecer a mãe-d'água
Que no claro do rio penteia os cabelos
Com um pente de sete cores.

Salve salve minha rainha,
Ó clemente ó piedosa ó doce Virgem Maria,
?Como pode uma rainha ser também advogada.

CHOQUES

O choque de teus pensamentos furiosos
Com a inércia da boca e dos braços de outros.
O choque dos cerimoniais antigos
Com a velocidade dos aviões de bombardeio.
O choque da foice contra o cristal dos milionários.
O choque das roseiras emigrantes
Com o silêncio das linhas retas nas janelas.

A tempestade calcula um choque de distâncias
Com o lúcido farol e seus presságios.
Chocam-se as águias arredando a noite
Com o armário que, inalterável, rumina.
Um ouvido resistente poderia perceber
O choque do tempo contra o altar da eternidade.
Choca-se a enorme multidão sacrificada
Com o ditador sentado na metralhadora.
Choca-se a guilhotina erguida pelo erro dos séculos
Com a pomba mirando a liberdade do horizonte.

ALGO

A Maria da Saudade

O que raras vezes a forma
Revela.
O que, sem evidência, vive.
O que a violeta sonha.
O que o cristal contém
Na sua primeira infância.

POEMA DE ALÉM-TÚMULO

Deste horizonte estável
Vejo homens e bichos combatendo
Ao mesmo tempo pela guerra e pela paz,
Vejo campos de sangue e ossadas,
Faixas de terror:
Mas vejo essencialmente uma coisa branca,
Um castelo branco e simples
Feito de um só diamante
Que da terra não se vê.

O MAR

1

Debruço-me sobre o cais de onde não parte navio
[algum,
Vendo ouvir o mar esvoaçante.
O mar não me dá gana de partir,
O mar me dá gana de ser permanente, definitivo.
Em oposição ao mesmo mar
Que se debate e grita num comício perpétuo.

2

Dobrando a esquina encontro o tigre.
Não sou blindado como os navios para afrontá-lo,
Nem costumo uivar como o vento.
Fico de longe, fazendo-lhe sinais
A que o farol vermelho e verde responde.
Que se passará nos salões da gaivota?

3

O mar do outro mundo, o mar regenerado
Incluirá suaves sirenas
Que nos atrairão para a vida.
O mar inocente e reduzido
Nós lhe traremos flores de coral.

JANELA DO CAOS

1

Tudo se passa
Em Egitos de corredores aéreos.
Em galerias sem lâmpadas
À espera de que Alguém
Desfira o violoncelo
– Ou teu coração?
Azul de guerra.

2

Telefonam embrulhos,
Telefonam lamentos,
Inúteis encontros,
Bocejos e remorsos.

Ah! Quem telefonaria o consolo.
O puro orvalho
E a carruagem de cristal.

3

Tu não carregaste pianos
Nem carregaste pedras,
Mas na tua alma subsiste

– Ninguém se recorda
E as praias antecedentes ouviram –
O canto dos carregadores de pianos,
O canto dos carregadores de pedras.

4

O céu cai das pombas.
Ecos de uma banda de música
Voam da Casa dos expostos.

Não serás antepassado
Porque não tiveste filhos:
Sempre serás futuro para os poetas.

Ao longe o mar reduzido
Balindo inocente.

5

Harmonia do terror
Quando a alma destrói o perdão
E o ciclo das flores se fecha
No particular e no geral:
Nenhum som de flauta,
Nem mesmo um templo grego
Sobre colina azul
Decidiria o gesto recuperador.

Fome, litoral sem coros,
Duro parto da morte.
A terra abre-se em sangue,
Abandona o branco Abel
Oculto de Deus.

6

A infância vem da eternidade.
Depois só a morte magnífica
– Destruição da mordaça:

E talvez já a tivesses entrevisto
Quando brincavas com o pião

Ou quando desmontaste o besouro.
Entre duas eternidades
Balançam-se espantosas
Fome de amor e a música:
Rude doçura,
Última passagem livre.

Só vemos o céu pelo avesso.

7

Cai das sombras da pirâmide
Este desejo de obscuridade.

Enigma, inocência, bárbara,
Pássaros galopando elementos.
Do fundo céu
Irrompem nuvens equestres.
Onde estão os braços comunicantes
E os paraquedistas da justiça?
Vultos encouraçados presidem
À sabotagem das harpas

8

Que esperam todos?
O vento dos crimes noturnos
Destrói augustas colheitas
Águas ásperas bravias
Fertilizam os cemitérios.
As mães despejam do ventre
Os fantasmas de outra guerra.

Nenhum sinal de aliança
Sobre a mesa aniquilada

Ondas de púrpura,
Levantai-vos do homem.

9

Penacho da alma,
Antiga tradição futura:
?Se a alma não tem penacho
Resiste ao Destruidor?

10

A velocidade se opõe
À nudez essencial.
Para merecer o rompimento dos selos
É preciso trabalhar a coroa de espinhos.
Senão te abandonam por aí,
Sozinho, com os cadáveres de teus livros.

11

Pêndulo que marcas o compasso
Do desengano e solidão,
Cede o lugar aos tubos do órgão soberano

Que ultrapassa o tempo:
Pulsação da humanidade
Que desde a origem até o fim
Procura entre tédios e lágrimas.
Pela carne miserável,
Entre colares de sangue,
Entre incertezas e abismos.
Entre fadiga e prazer.
A bem-aventurança.
Além dos mares, além dos ares,
Desde as origens até o fim,
Além das lutas, embaladores,
Coros serenos de vozes mistas,
De funda esperança e branca harmonia
Subindo vão.

SONETOS BRANCOS

1946-1948

O ESPELHO

O céu investe contra o outro céu.
É terrível pensar que a morte está
Não apenas no fim, mas no princípio
Dos elementos vivos da criação.

Um plano superpõe-se a outro plano.
O mundo se balança entre dois olhos,
Ondas de terror que vão e voltam,
Luz amarga filtrando destes cílios.

Mas quem me vê? Eu mesmo me verei?
Correspondo a um arquétipo ideal.
Signo de futura realidade sou.

A manopla levanta-se pesada,
Atacando a armadura inviolável:
Partiu-se o vidro, incendiou-se o céu.

MEDITAÇÃO DA NOITE

Noite de lanças e estandarte azul,
Não vertes sobre a terra desconforme
O teu bálsamo antigo de sossego:
Vem antes o veneno da tua esfera.

Que destruições geraste no teu ventre
Enquanto os homens se velavam a face!
Templo de experiência e expiação,
O incenso da matéria se respira

Nas tuas arcadas nuas e rochosas.
Somos agora a raça clandestina
Que, noite hostil, ainda não pudeste

Das dobras dos teus panos remover:
Ululantes erramos pelo mundo,
Conduzindo nossa morte corporal.

O FILHO PRÓDIGO

À beira do antiuniverso debruçado
Observo, ó Pai, a tua arquitetura.
Este corpo não admite o peso da cabeça...
Tudo se expande num sentido amargo.

Lembro-me ainda que me evocaste
Do teu caos para o dia da promessa.
O fogo irrompia das mulheres
E se floria o sol de girassóis.

Uma única vez eu te entrevi,
Entre humano e divino inda indeciso,
Atraindo-me ao teu íngreme coração.

Para outros armaste o teu festim:
E da tua música só vem agora
O soluço da terra, dissonante.

O RITO HUMANO

Pelas curvas da tarde vem surgindo
A inefável palavra Agnus Dei.
Ouço balidos pelo mundo inteiro:
Matam o cordeiro branco redentor.

As armas do futuro desenhadas
Vejo no espaço, túmulos abertos:
Os balidos rebentam das gargantas
Até dos que inda estão para nascer.

De variadas maneiras matam o homem.
Matam a pureza, a paz, a liberdade,
Pelo cutelo, a bomba, a guilhotina,

Pelo silêncio, a fome, a solidão.
Fecha o leque de plumas o Oriente,
Abre o Ocidente o tanque de terror.

CONTEMPLAÇÃO DE OURO PRETO

1949-1950

FLORES DE OURO PRETO

A Cecília Meireles

Vi a cidade barroca
Sem enfeites se levantar.
Nem flores eu pude ver,
Flores da vida fecunda,
Nesta áspera Ouro Preto,
Nesta árida Ouro Preto:
Nem veras flores eu vi
Nascidas da natureza,

Da natureza lavada
Pelo frio e o céu azul.
Tristes flores de Ouro Preto!
Só vi cravos-de-defunto,
Apagadas escabiosas,
Murchas perpétuas sem cheiro,
Só vi flores desbotadas
Nascidas de sete meses,
Só vi cravos-de-defunto,
Que se atam ao crucifixo,
Que se levam ao Senhor Morto.
Vi flores de pedra azul...
Eu vi nos muros de canga
A simples folhagem rasa,

A avenca úmida e humilde,
Brancos botões pequeninos
A custo se entreabrindo,
Mas não vi flores fecundas,
Não vi as flores da vida
Nascidas à luz do sol.
Eu vi a cidade árida,
Estéril, sem ouro, esquálida;
Eu vi a cidade nobre
Na sua pátina fosca,
Desfolhando lá das grimpas
No seu regaço de pedra
Buquês de flores extintas.

Eu vi a cidade sóbria
Medida na eternidade,
Severa se confrontando
À cinza das ampulhetas,
Sem outro ornato apurado
Além da pedra do chão.
Eu vi a cidade barroca
Vivendo da luz do céu.

MONTANHAS DE OURO PRETO

A Lourival Gomes Machado

Desdobram-se as montanhas de Ouro Preto
Na perfurada luz, em plano austero.
Montes contempladores, circunscritos
Entre cinza e castanho, o olhar domado

Recolhe vosso espectro permanente.
Por igual pascentais a luz difusa
Que se reajusta ao corpo das igrejas,
E volve o pensamento à descoberta

De uma luta antiquíssima com o caos,
De uma reinvenção dos elementos
Pela força de um culto ora perdido,

Relíquias de dureza e de doutrina,
Rude apetite dessa cousa eterna
Retida na estrutura de Ouro Preto.

ROMANCE DA VISITAÇÃO

Naquele tempo Maria
– São Lucas escreverá –
Levantou-se bem cedinho,
Dirigiu-se a toda a pressa
Às montanhas de Judá,
Comunicar a alegria
Que lhe fora anunciada
Pelo Arcanjo Gabriel,
Comunicar poesia
À sua prima Isabel,
Esposa de Zacarias,
Descendente de Aarão,
Pesada agora de João,
Precursor de Emanuel.
É claro que tinha pressa
De anunciar seu poder
Incluído na promessa,
Não fosse ela bem mulher!
Vai, Maria, vai correndo,
Vai direito a Israel,
Vai voando a Ouro Preto,
Às montanhas do Tibet
Anunciar ao mundo inteiro
Com entusiasmo e fervor

Que Jesus irá nascer,
Anuncia o Salvador
Que o Anjo te anunciou!
Lá vai Maria apressada,
Como sua vida mudou!
Inda ontem pulava a corda,
Feliz brincava de roda
Com as órfãs de Nazaré,
Agora já está casada,
Remendando a roupa toda
Do carpinteiro José!
Agora lá vai cansada,
Agora lá vai no escuro
Contendo no ventre puro
O próprio Deus paciente
Que nem o mundo contém;
Sem transição, de repente,
Promovem-na a mãe de Deus,
Visitadora da gente,
Anunciando seu bem!
Oh, que mistério glorioso!
Neste mundo há cada cousa
Que é mesmo de se espantar!
Lá vai Maria correndo

Nas montanhas de Judá,
De vez em quando repousa
À sombra da natureza,
Vai colhendo framboesas,
Vai colhendo sempre-vivas,
Magnólias e madressilvas,
Come e dorme ao deus-dará.
A nobre prima Isabel
Debruçada no terraço
Observa o horizonte baço
De onde Maria vai vir.
Sereno da madrugada,
Sereno deixa cair,
Sereno da madrugada
Não deixa Isabel dormir!
Refresca a tenda sagrada
Daquele que está pra vir!
Desenham-se longe longas
Arquiteturas de torres,
De terraços e varandas,
De pesadas balaustradas
Sobressaindo nos morros,
Sacadas bem rendilhadas
Com pinhas e abacaxis,

Arquiteturas agudas
Com suas telhas pontiagudas,
Seus perfeitos parapeitos,
Janelas em Muxarabi.
Para louvar sua prima,
A bela e jovem Theotokos,
Na montanha de Judá,
Isabel adorna a casa
Com palmas e aristolóquios,
Gladíolo, gravatás.
Os servos de Zacarias
Sobem e descem escadarias,
Desdobram alvas toalhas,
Apanham fruta, enchem talhas,
Preparam louras vitualhas,
Movimentam luminárias,
Estendem tapeçarias,
Vão do terraço ao pomar
Numa alegria insofrida,
Numa fremência de vida
Que chega a maravilhar.
Isabel espera ansiosa.
Que bela festa vai ser!
E de que mais gosta o homem

Senão de fazer festança?
Depois da festa descansa.
Para isso nós fomos feitos:
Para a festança do Pai.
Nosso Senhor foi à frente
Nos preparar a pousada
Em que seremos perfeitos,
Pois nascemos para amar;
Teremos festa e repousa,
Será o supremo gozo,
Um nunca mais acabar!
Lá vai Maria com pressa,
Pressa de dar alegria.
Leva uma chave consigo,
A chave do amor de Deus
Para abrir o paraíso,
Consolo, verdade e abrigo,
Suprema visão sem véus.
Este é o dia da alegria,
Festa da comunicação
De quem tem forte segredo
Saltando no coração
E que não pode esconder:
A notícia generosa

De que Deus irá nascer
Entre os homens, como homem,
Do ventre de uma mulher!
Ei-la que chega afinal.
Assim a vê Isabel:
A Virgem lá vem do sul
Toda vestida de sol,
Debaixo dos pés a lua,
Entoando o aleluia,
Duas asas de grande águia
Para voar sobre a água
E sobrevoar o deserto,
Um chapéu de doze estrelas
Talhado na perfeição,
O olhar sobranceiro e certo,
Assim mais tarde a veria
Com sua força visionária
O Apocalipse de João.
Maria em sua humildade
Não espera saudação,
Saúda primeiro a prima
Com recolhida emoção.
As duas depois se abraçam
Com grande contentamento,

Nesse abraço se abraçaram
Novo e antigo Testamento.
Voando os véus de Maria,
Os véus de Isabel voando,
São asas desordenadas
Que se encontram no terraço,
Que sobem no ar alongadas,
Que desdobram a alegria,
Que palpitam de euforia
E finalmente flutuando
Se fundem num mesmo
abraço.
Ó Isabel admirável,
Ó Isabel paciente,
Ó grande Santa Isabel!
Ó Senhora venerável
Que louva toda Isabel,
Prima do antigo Oriente,
Nossa prima no Senhor,
Participante da glória
Que anunciou Gabriel!
Assim te entreviu São
Lucas,
Primeiro pintor da Virgem

E teu primeiro pintor,
Que pinta as primas
queridas
unidas no mesmo amor!
Desde então quantos
pintores
Começando em Israel
Se inspiraram nesse abraço
Completado no pincel,
De São Lucas até hoje,
E quantos se hão de
inspirar
Até o final do mundo!
Que todos se abracem
breve,
Reúnam-se as religiões,
Acabem com os ódios
brabos,
Deixem essa vida de
escravos,
Homens, mulheres, nações!
Ó Maria incomparável,
Ó Maria maleável,
Ó Maria obediente,

Pegam-te assim de repente
Para nossa intercessora,
Ó Maria sempre amável,
Ó Maria inquebrantável,
Ó Maria comovente,
Ó Virgem consoladora,
Atendendo a toda a gente
Não largas mais o batente,
Rosa mística do Oriente,
Nem podes mais respirar,
Ó Virgem Nossa Senhora,
Estrela do céu, do mar!
Dos destinos paralelos
De Maria e de Isabel
Esse abraço marca os elos.
Como dissera Gabriel:
Isabel prepara a tenda
Do profeta precursor,
Maria prepara a vinda
De Cristo Nosso Senhor.
Apenas a Virgem vem
E levanta sua voz,
Inspirado pelo Céu
João Batista estremeceu

Reconhecendo Jesus,
Exultando de alegria
Nas entranhas de Isabel
Que está no seu sexto mês;
E desde então o menino
Por um decreto divino
Ficou liberto da culpa
Do pecado original,
Menino e santo a uma vez!
Ao contato de Maria
Produz-se uma vibração
No ambiente em derredor,
Nasce uma nova beleza,
Tudo respira largueza,
Transforma-se a natureza,
Modificada na essência
Pela potência do amor,
Redimida do pecado
Pelo parto imaculado
Da própria mãe do Senhor!
Há quanto tempo o universo
Esperava esse fervor
Para o livrar do perverso
Domínio do Tentador,

Da desordem primitiva
Que estancava a fonte viva,
Que manchava a Criação,
Que impedia a ligação
Do homem com o Criador!
Agora a grande Isabel
Ungida do Santo Espírito
Saúda a Virgem num grito,
Desabafa em alta voz,
Ganha universalidade
Com palavras de humildade,
Falando por todos nós:
"Salve Maria, bendita
Entre as mulheres tu és,
E bendito para sempre
Eis o fruto do teu ventre,
Eis o Príncipe da paz.
De onde me vem esta dita,
Esta alegria infinita,
Esta emoção e fervor,
Que me venhas visitar
Engrandecendo meu lar,
Tu, Senhora soberana,
Tu, a filha de Sant'Ana,

Tu, a mãe do meu Senhor?
E já que creste, Maria,
Elevando tua mente,
As cousas se cumprirão
Desde agora fielmente
Que o Senhor te fez dizer
No dia da anunciação.
Bem-aventurada és tu
Que vais parir Emanuel,
Filha ilustre de David,
Alta Virgem de Israel".
Assim prediz com vigor
A glória de sua prima
Eleita por dom do Céu,
Que teve a sombra divina
Por escabelo e dossel,
Assim o diz a Senhora
Logo depois de Gabriel.
Ouve-se o órgão do vento
Soprando na alta montanha.
Maria encara a parenta
Vibrando desde as entranhas,
Levanta seu pensamento,
Levanta os braços, levanta

Ao mesmo tempo o *Magnificat:*
"A minha alma glorifica
O meu Amado e Senhor,
Meu espírito se alegra
No meu Deus e Salvador
Que distinguiu sua serva
E sua humildade olhou
Com a chama do seu amor;
Bem-aventurada eu sou,
Eleita me chamarão
Do Ocidente ao Levante,
A contar de agora em diante,
Geração e geração.
Porque prodígios me fez
O Santo que é poderoso,
O Deus misericordioso
Que defende seus fiéis.
Depôs o rei da sua sede,
Com o poder da sua destra
Os humildes levantou;
Saciando o que tem sede,
O faminto alimentando,
Os soberbos dispersando,
Ao rico seus bens tirou.

E ao seu bom servo Israel
Estendeu sua proteção,
Assim disse a Adão e Eva.
Aos pais de Jerusalém,
Assim disse a Abraão,
À sua raça primeva
E a seus pósteros. Amém".
Eis o que a Virgem falou,
Cumprindo-se a profecia
Ditada outrora no Céu:
Três meses se demorou
Na morada de Isabel.
De grande alegria agora
É a vida em toda Israel,
Alegria de Maria,
Alegria de Isabel,
Alegre está Zacarias
Apesar de sua mudez.
Que por acenos exprime
Sua alegria cortês!
Alegre eis João Batista
Pressentindo um mundo novo
Batizado pelo amor,
Alegre se mostra o povo,

Alegre Nosso Senhor!
Só mesmo alegre ficou
Dentro da Virgem Maria!
A todos dá alegria,
Para Ele não sobrou!
Inda agora essa alegria
Que vem da Visitação
Se transmite dia a dia
De uma a outra geração
Pela graça de Maria
Desde o tempo de Israel.
Toda alma necessita
De uma irmã na poesia,
Por isso a Virgem bendita
Vai visitar Isabel
Comunicando a alegria
Que lhe trouxera Gabriel.
Duas almas que se abraçam
Suscitam a sombra divina,
Como o Senhor no-lo disse
Um dia na Palestina.
Se o peixe vivo não pode
Viver fora da água fria
Também o homem não pode

Viver sem tua companhia,
A substância da beleza,
Nobre a suma Poesia
Que louvaremos assim
Louvando a Virgem Maria,
Espelho de alta pureza,
Causa da nossa alegria,
Mais nobre que a natureza;
Louvando a Virgem Maria
Pelos séculos sem fim.

A LUA DE OURO PRETO

A Dantas Motta

1

Lua, luar!
Oh, celebrarei
Na lira alada
– Doida de amar –
Celebrarei
Na lira amada
lua e luar.
Um ponto é lua,
Outro é luar.

Lua, luar,
Não confundamos:
Estou mandando
A lua luar.
Luar é verbo,
Quase não é
Substantivo.

Quem separar
Luar, de amor!
Quem separou

Amor, de luar?
Vamos luar.
Luar é verbo,
Substantivo
Quase não é.

Ai quantas vezes
O luar é escuro!
Nem sempre é claro
O obscuro amor.
Máquina louca
Tu és, ó lua.
Máquina lua,
Quem quer amar?
Todo de graça
Só mesmo o luar.

O amor, sim, age,
O luar espera,
Tudo esclarece,
Lua me amando,
Lua luarenta
Do pensamento
Que gira o amor...

Vamos aluar!
Máquina louca
Tu és, ó lua –
Máquina fia
Branca poesia
Ei! passa o luar,
Mas fica a lua.
[...]

10

Lua humanada,
Violantelua,
Luamafalda,
Lua exilanda
Suave ao tato,
Pelo de lã
E de hortelã,
Lua de holanda,
Lua da antiga
Mulher nublada
Entressonhada
Na dura infância:
De longe eu sei
Tuas pajelanças

E bruxarias,
Teus artifícios
Espiralando,
Lua experiente
Que vais
logrando
O sol, teu indez:
Lua inquietante
Que vais jogando
Aos teus amantes
Bolas de espuma,
Bolas de ópio,
Bolas de luar,
De índigo, oh!
Lua sardenta,
Ó lua pênsil
Sobre os amores
(Desencontrados
Na morna terra)
Dos esqueletos
Atuais, futuros,
Ó solidônia!

AO ALEIJADINHO

Pálida a lua sob o pálio avança
Das estrelas de uma perdida infância.
Fatigados caminhos refazemos
Da outrora máquina da mineração.

É nossa própria forma, o frio molde
Que maduros tentamos atingir,
Volvendo à laje, à pedra de olhos facetados,
Sem crispação, matéria já domada.

O exemplo recebendo que ofereces
Pelo martírio teu enfim transposto,
Severo, machucado e rude Aleijadinho

Que te encerras na tenda com tua Bíblia,
Suplicando ao Senhor – infinito e esculpido –
Que sobre ti descanse os seus divinos pés.

PARÁBOLA

1946-1952

POEMA PESSOAL

Levanto-me da carruagem de paixões e plumas
Aparentemente guiada pelas irmãs Brontë.

Deu uma tristeza agora nos telhados...

As cigarras sublinham a tarde emparedada,
O trovão fechou o piano.
Surge antecipadamente o arco-íris,
Aliança temporária de Deus com o homem,
Sem a solidez da eucaristia:
Surge sobre encarcerados, órfãos, marginais,
Sobre os tristes e os sem-solução.

Dos quatro cantos de mim mesmo
Irrompe um Dedo terribilíssimo que me acusa
Porque sem os olhar deixo de lado
Os restos agonizantes do mundo.

Transformou-se agora o céu.
Céu patinado, que escureza.
Céu sempre futuro e amargo,
Como são fundamentais
Estes sofrimentos de segundo plano!

Mais o que mesmo lembrar?
Ah sim – esta arrastada caranguejola da vida...

PÁSSAROS NOTURNOS

Pássaros noturnos:
Ao longe balançam o canto obscuro
Pois nas grutas profundas se encolheram
E nos maciços de árvores.
Pela noite seu canto oblíquo
Na soledade do silêncio
Configura-os a bichos desconhecidos,
São provisoriamente outros bichos
Nascidos sem lei nem forma
Do intocado abismo e da folhagem.
Pássaros fantasmas,
Pássaros noturnos
Anunciadores de uma vida livre
Cujo segredo ao nosso ouvido escapa,
Uma vida de ignota relação.

INDICAÇÃO

Sim: o abismo oval atrai meus pés.
Leopardo familiar, a manhã se aproxima.
Preciso conhecer em que universo estou
E a que translações de estrelas me destinam.
Em três épocas me observo sustentado:
Na pré-história, no presente e no futuro.
Trago sempre comigo uma morte de bolso.
Assalta-me continuamente o novo enigma
E uma audácia imprevista me pressinto.
Arrasto minha cruz aos solavancos,
Tal profunda mulher amada e odiada,
Sabendo que ela condiciona minha forma:
E o tempo do demônio me respira.
Gentilíssima dama eternidade
Escondida nas raízes do meu ser,
Campo de concentração onde se dança,
Beatitude cortada de fuzilamentos...
Retiram-me o véu que sei de mim.
Ontem sou, hoje serei, amanhã fui.

QUEM

Quem um dia dançou os pés de outro?
Todos os que dançam, todos
Apenas dançam os próprios pés.
Quem pensa na imortalidade do outro
E durante seu próprio sonho
Sonha com o sonho do outro?
Quem, no nascimento do menino humilde,
Pede sua coroação pelos reis?
Quem manda violetas ao pobre encarcerado?
Quem se sente poeta pelo que o não é?

DESPEDIDA DE ORFEU

É hora de vos deixar, marcos da terra,
Formas vãs do mudável pensamento,
Formas organizadas pelo sonho:
Cantando, vossa finalidade apontei.
É hora de vos deixar, poderes do mundo,
Magnólias da manhã, solene túnica das árvores,
Montanhas de lonjura e peso eterno,
Pássaros dissonantes, castigado sexo,
Terreno vago das estrelas;
Jovem morta que me deste a vida,
Proas de galeras do céu, demônios lúcidos,
Longo silêncio de losangos frios,
Pedras de rigor, penumbras d'água,
Deuses de inesgotável sentido,
Bacantes que destruís o que vos dei;
É hora de vos deixar, suaves afetos,
Magia dos companheiros perenes,
Subterrâneos do clavicórdio, veludações do clarinete,
E vós, forças da terra vindas,
Admiráveis feras de cetim e coxas;
Claro riso de amoras, odor de papoulas cinerárias,
Arquiteturas do mal, poços de angústia,
Modulações da nuvem, inúmeras matérias
Pela beleza crismadas:

Cantando, vossa finalidade mostrei.
É hora de vos deixar, sombra de Eurídice,
– Constelação frouxa da minha insônia –,
Lira que aplacastes o uivo do inferno,
É hora de vos deixar, golfo de lua,
Orquestração da terra, álcoois do mundo,
Morte, longo texto de mil metáforas
Que se lê pelo direito e pelo avesso,
Minha morte, casulo que desde o princípio habito;
É hora de explodir, largar o molde:
Cumprindo o rito antigo,
Volto ao céu original,
Céu debruado de Eurídice;
Homem, criptovivente,
Sonho sonhado pela vida vã,
Cantando expiro.

SICILIANA

1954-1955

ATMOSFERA SICILIANA

Trinácria, três pernas, triângulo:
Soa a terra siciliana
Percutida pelo sol.

O sexo explode. Presságios
Respira o deus nas alturas:
Tantas mulheres de negro
Velam a própria juventude.

Ai trabalho, áspera vida
Para o homem, cavalo do homem,
E áspera para o cavalo.

O templo de augustos signos
E de lúcida arquitetura
Marca a distância do real:

A terra ocupando o céu,
A forma feroz do Etna
E do Strômboli o domina.

O centro da terra explode
Em cacto, jasmim e enxofre.
Augúrios respira o ar,
O bárbaro mar e seus gongos.
Trinácria, três pernas, triângulo.

AS RUÍNAS DE SELINUNTE

Correspondendo a fragmentos de astros
A corpos transviados de gigantes,
A formas elaboradas no futuro,
Severas tombando
Sobre o mar em linha azul, as ruínas
Severas tombando
Compõem, dóricas, o céu largo.
Severas se erguendo,
Procuram-se, organizam-se,
Em forma teatral suscitam o deus
Verticalmente, horizontalmente.

Nossa medida de humanos
– Medida desmesurada –
Em Selinunte se exprime:
Para a catástrofe, em busca
Da sobrevivência, nascemos.

MEDITAÇÃO DE AGRIGENTO

Quem nos domara a força vã,
Quem nos sufocara o instinto
Para permanecermos
Em conformidade à linha do céu,
A estas colunas perenes,
Ao oculto mar lá embaixo.

Quem nos transformara em folha
Ou no súbito lagarto
Que se esgueira sob tuas pedras,
Templo F, sereno templo F,
Arquitetura de reserva e paz.

Transformar-se ou não, eis o problema.
Durar na zona limite da memória,
Nos limbos da vontade,
Ou submeter a pedra, cumprir o ofício rude,
Aprender do lavrador e do soldado.
Qual a forma do poeta? Qual seu rito?
Qual sua arquitetura?

Mudo, entre capitéis e cactos
Subsiste o oráculo.
A manhã doura a pedra e vagos nomes,
Agrigento me contempla, e vou-me.

CANÇÃO DE TÉRMINI IMERESE

A Términi Imerese eu vim,
De Términi Imerese eu vou.
Pesquiso a forma no caos,
Pesquiso o núcleo do som.

Ó pedra siciliana,
Enxofre, mar de cobalto;
Sondei a força concreta
Dos elementos, do deus.

Mas quem, o sol desvendando,
À terra me comunica?
Sem o filtro da morte quem
Me faz absorver o azul?

A Términi Imerese eu vim,
De Términi Imerese eu vou.
Transformei-me à minha imagem,
E o mesmo oráculo sou.

TEMPO ESPANHOL

1955-1958

NUMANCIA

Prefigurando Guernica
E a resistência espanhola,

Uma coluna mantida
No espaço nulo de outrora.

Fica na paisagem térrea
A dura memória da fome,

Lição que Espanha recebe
No seu sangue, e que a consome.

MONTESERRATE

A Jorge Guillén

Anteriores ao primeiro homem,
Ásperos cumes desarticulados
De Espanha que ainda não achara
O prumo, o signo e a oliveira.

Eis o território disforme
Onde o espírito sincopado
Tenta escalar Deus e a pedra:
Espanha por se construir.

A Virgem negra, românica,
Preside o caos. E das grimpas
Intervém com sua medida
Na terra bruta do homem.

SANTIAGO DE COMPOSTELA

Santiago de Compostela isolada no campo,
Mas na tua direção marchou a Europa
Pesquisando paralelos Corpo e estrela.

* * *

Tocando Santiago recebemos o espaço,
A visão da cidade em ferradura,
O choque oval do Pórtico de la Gloria.

Na Idade Média
Participante de comunidade
– Alegre – então me sentindo,
Eu viria de longes terras tocar-te,
Cavalgando monte e rio:
Trazendo o bastão, a concha de Vênus
E a gana diária de Deus.

* * *

No espaço monumental de Santiago
A Espanha mede a esperança do homem,
Mede o corpo do apóstolo, sua estrela concêntrica.

SÃO JOÃO DA CRUZ

Viver organizando o diamante
(Intuindo sua face) e o escondendo.
Tratá-lo com ternura castigada.
Nem mesmo no deserto suspendê-lo.

Mas
Viver consumido da sua graça.
Obedecer a esse fogo frio
Que se resolve em ponto rarefeito.
Viver: do seu silêncio se aprendendo.
Não temer sua perda em noite obscura.

E, do próprio diamante já esquecido,
Morrer, do seu esqueleto esvaziado:
Para vir a ser tudo, é preciso ser nada

TEMA DE CALDERÓN

Fechado desde a infância numa torre atômica,
Próximo o homem-lobo que me nutre,
Circunscrito pelo braço de Estrela e de Rosaura,
Medindo no relógio os passos da injustiça,
Segismundo sou.
O céu legível, texto de diamante,
Escapa-me; entre duas armas contrárias
Situado me vejo; insone, e sonhando.

* * *

Outras vezes retiram-me da torre,
Apontam-me futura liberdade.
Caminho entre semáforos e máquinas.
São andaimes, passos arritmados, poeira,
As pequenas combinações da vida, suor,
A linguagem dos ácidos, nada álacre.
O próprio reino aliado da palavra
Já me expede elementos inimigos.

Quem finalmente sou, esqueleto letrado,
Alienado eco? A injustiça não me cabe
A mim só: qualquer um a reclama e recebe.
Mas eu sonho a injustiça, ou a suporto?
Eu sonharei a vida, ou a vida me sonha?
Aprendi do meu sangue, ou da essência de Espanha?

Calderón, ainda no contexto atual do século
LA VIDA ES SUEÑO.

CÓRDOVA

Conheço-te a estrutura tersa,
Toda nervo e osso, contida
Em labirintos de cal
E em pátios de vida secreta,

Córdova áspera e clássica
Alimentada de África.

Como não te entregas súbito,
Quem te aproxima terá sempre fome
E não dirá: Córdova de meus amores.
Um nome seco e esdrúxulo te designa,
Sol desdenhoso, Córdova concreta.

PUEBLO

A Blas de Otero

O *pueblo* subsiste no ar, no sol de poeira,
Nos quadrados de cal e na secura

Subsiste na conversa organizada
Em torno da água pública da fonte.

Um som qualquer ressoa prolongado
No ouvido de animal, pessoa ou casa.

Os minutos pacientes limam os dias.
O *pueblo* destacando-se da história

Participa do obscuro de cada um
E participam todos deste *pueblo*

Que rejeitando a ideia do aniquilamento
Joga aos dados a ressurreição da carne.

O SOL DE GRANADA

À memória de Manuel Altolaguirre

O sol de Granada aspira
Arquiteturas abstratas.

O sol de Granada gira
O corpo de Lindaraja.

O sol de Granada inspira
Sangue e ritmo de gitanos.

O sol de Granada mira
As duas faces de Espanha.

CANTO A GARCÍA LORCA

Não basta o sopro do vento
Nas oliveiras desertas,
O lamento de água oculta
Nos pátios da Andaluzia.

Trago-te o canto poroso,
O lamento consciente
Da palavra à outra palavra
Que fundaste com rigor.

O lamento substantivo
Sem ponto de exclamação:
Diverso do rito antigo,
Une a aridez ao fervor,
Recordando que soubeste
Defrontar a morte seca
Vinda no gume certeiro
Da espada silenciosa
Fazendo irromper o jacto
De vermelho: cor de mito
Criado com a força humana
Em que sonho e realidade
Ajustam seu contraponto.

* * *

Consolo-me da tua morte.
Que ela nos elucidou
Tua linguagem corporal
Onde EL DUENDE é alimentado
Pelo sal da inteligência,
Onde Espanha é calculada
Em número, peso e medida.

GUERNICA

Subsiste, Guernica, o exemplo macho,
Subsiste para sempre a honra castiça,
A jovem e antiga tradição do carvalho
Que descerra o pálio de diamante.

A força do teu coração desencadeado
Contactou os subterrâneos de Espanha.
E o mundo da lucidez a recebeu:
O ar voa incorporando-se teu nome.

* * *

Sem a beleza do rito castigado,
Aumentando a comarca da fome,
O touro de armas blindadas
Investiu contra a razão:

Eis que já Picasso o fixou,
Destruindo a desordem bárbara,
Com duro rigor espanhol,
Na arquitetura do quadro.

CONVERGÊNCIA

1963-1966

EXERGO

Lacerado pelas palavras-bacantes
Visíveis tácteis audíveis
Orfeu
Impede mesmo assim sua diáspora
Mantendo-lhes o nervo & a ságoma.

Orfeu Orftu Orfele
Orfnós Orfvós Orfeles

GRAFITO NA PEDRA DE MINHA MÃE

A pedra abre os olhos mansos de colomba.

Morte polêmica
Morte que separa homem & sombra
rosa & espinho
Catapultou-me da esfera do teu ventre
Para este território ásperoanguloso
Onde soou no espaço
A primeira ruptura: tempo subtraído-te,
História em mito permutada
Eletronicamente.

Bela/jovem/magnética
Talhada para canto & clavicímbalo
Te eclipsas no limiar do século
Que cedo iria me absorver
No seu contexto polêmico.
Extraindo-te de mim
Fechando-te magnólia móbile
                    selenocêntrica
Elisa Valentina minha filha unigênita

Tornaste-me
Espiritado esdrúxulo
Geraste
Minha cosmogonia.

GRAFITO PARA IPÓLITA

1

A tarde consumada, Ipólita desponta.

Ipólita, a putain do fim da infância,
Nascera em Juiz de Fora, a família em Ferrara,

Seus passos feminantes fundam o timbre.
Marcha, parece, ao som do gramofone.

A cabeleira-púbis, perturbante.
Os dedos prolongados em estiletes.

Os lábios escandindo a marselhesa
Do sexo. Os dentes mordem a matéria.

O olho meduseu sacode o espaço.
O corpo transmitindo e recebendo

O desejo o chacal a praga o solferino.
Pudesse eu decifrar sua íntima praça!

Expulsa o sol-e-dó, a professora, o Ícone.
Só de vê-la passar, meu sangue inobre
Desata as rédeas ao cavalo interno.

2

Quando tarde a revejo, rio usado,
Já a morte lhe prepara a ferramenta.

Deixa o teatro, a matéria fecal.
Pudesse eu libertar seu corpo (Minha cruzada!)

Quem sabe, agora redescobre o viso
Da sua primeira estrela, esquartejada.

3

Por ela meus sentidos progrediram.
Por ela fui *voyeur* antes do tempo.

4

O dia emagreceu. Ipólita desponta.

MURILOGRAMA A JOÃO SEBASTIÃO BACH

João Sebastião
mete o som na mão
João Sebastião
mete o sol na mão
João Sebastião
martelando o órgão
João Sebastião
espaventa o górgão
João Sebastião
temperando o cravo
João Sebastião
tolhe-nos o cravo
João Sebastião
restaurando Orfeu
João Sebastião
mestre vosso e meu
João Sebastião
tua vontade louvo
João Sebastião
movimento novo
João Sebastião
pule apura poda
João Sebastião
roda roda roda
João Sebastião
ouvido na paixão
João Sebastião
esfera em rotação

MURILOGRAMA PARA MARIA DA SAUDADE

Mulher toda sal e espuma,
Filha e neta de altos entes,

Companheira de arte-vida,
A tua medida é única:

Deus te criou, destruiu o molde,
Tens um lado cartesiano,

Submetes pessoa e fato
Aos ritos da acupuntura

– Não movida por crueldade –
Com lucidez vigilante.

* * *

Teu fado: o de Celme, um dia
Transformada em diamante

Por ter dito aos seus patrícios
Que Saturno era um mortal.

* * *

Talhada para o feérico,
Operaste-me do tédio.

* * *

Sempre entramos comovidos
Nas densas naves de Bach,

Nos terraços de Mozart.
De raro timbre é teu gosto:

Gosto certeiro, total,
Se revela na unidade

Desde a escolha de um cordel
Até a do livro, uma casa

Com sua vida dentro e fora.
Assim através dos tempos,

Temperamentos diversos
Portando sendos sinais,

Na soave *concordia-discors*
Construímos nossa paz.

* * *

Senhora do mundo enigma,
De labirintos Ariana,

Tu serena aparecida
Tu poesia liberdade

Com um livro-cristal sublinhas
O teu dançado destino.

MURILOGRAMA A CAMÕES

Sim: lavrador da palavra =
Teto e pão da nossa língua =

Desde meninos mamamos
Nos rudes peitos da Lírica =

Livro central semovente
Que parte do particular

Até investir o alto cume
De onde o Todo se contempla.

* * *

Na tua página o movimento =
Rotação do substantivo

Sustentado pelo verbo.
Provocas a transformação

Da antiga cítara em órgão,
Mudando-se o eco em grito.

Levantam-se os versos =
nervos
Ligando a estrutura sólida.

Homem de carne e sentidos
Teu elenco de femininos

Se enriqueceu a-vicenda
De Natércia a Dinamene

Diretas participantes
Ou mesmo oblíquas = da outra

Epopeia inda mais dura
Do que a marítima: Eros.

* * *

Só italiano e platônico?
Não, português e ecumênico.

A ti = lavrador da palavra
Que herdaste dos pluravós

Juntando-lhe a experiência
Da tua tensa humanidade =

A ti lavrador da palavra =
Teto e pão da nossa língua.

MURILOGRAMA A CECÍLIA MEIRELES

Dorme no saltério & na magnólia,
Dorme no cristal & em Cassiopeia.

Dorme em Cassiopeia & no saltério,
Dorme no cristal e na magnólia.

O século é violento demais para teus dedos
Dúcteis afeiçoados ao toque dos duendes:

O século, ácido demais para uma pastora
De nuvens, aponta o revólver aos mansos

Inermes no guaiar & columbrando a paz.
Armamentos em excesso, parque sombras de menos

Se antojam agora ao homem, antes criado
Para dança, alegria & ritmos de paz.

* * *

A faixa do céu glauco indica-te serena,
Acolhe a ode trabalhada, não gemente

Que ainda quer manter linguagem paralém.
Altas nuvens sacodem as crinas espiando

Teu sono incoativo. A noite vai inoltrada,
Prepara úsnea de seda à ságoma da tua lira

Que subjaz no corpo interrompido, diamante
Ahimé! mortal que os deuses reclamaram.

* * *

Dorme em Cassiopeia & no saltério,
Dorme no cristal e na magnólia.

MURILOGRAMA A JOÃO CABRAL DE MELO NETO

1

Comigo e contigo o Brasil.
Comigo e contigo a Espanha.

Entre mim e ti a caatinga.
Entre mim e ti a montanha.

Comigo e contigo Velázquez,
Graciliano, o moriles.

Entre mim e ti o barroco,
A cruz, Antonio Gaudí.

Comigo e contigo o Andalu,
Flamenco, Écija, los toros.

* * *

Entre mim e ti o símbolo,
Entre mim e ti o *pattern,*

A estrovenga, a sondareza,
O oxímoron, o anacoluto,

O mitologema, o eucólogio,
O compasso, o *eléctron-volt?*

* * *

Comigo e contigo o
antifascio,
Comigo e contigo a Gestalt.

Comigo e contigo a
antibomba,
A flor azulbranca da paz

Nascida de fértil convívio
& ritmo alternado recíproco.

2

Sim: não é fácil chamar-se
João Cabral de Melo Neto.
Força é ser engenheiro
Mesmo sem curso &
diploma,
Pernambucano espanhol
Vendo a vida sem dissímulo;

Construir linguagem enxuta
Mantendo-a na precisão,
Articular a poesia
Em densa forma de quatro,
Em ritmos de ordem serial;
Aderir ao próprio texto
Com o corpo, escrever com o
Corpo;
Exato que nem uma faca.
Força é abolir o abstrato,
Encarnar poesia física,
Apreender coisa real,
Planificar o finito;

Conhecer o vivo do homem
Até o mais fundo do osso,
Desde o nove de um Mondrian
Até o zero dum cassaco
Espremido pelos homens
Na sua negra engrenagem;
Radiografar a miséria
Consentida, estimulada
Pelos donos da direita,

Levantar-se contra a fome
Sem retórica gestual;

Descobrir o ovo, a raiz,
O núcleo, o germe do objeto;

Ter linguagem contundente,
"A palo seco"; e portar
– Sem nenhum superlativo –
Olho e mão superlativos
Com o suplente microscópio.

Roma, 1964

TEXTO DE INFORMAÇÃO

1

Noitefazes
Ou diafazes?

Noite redonda
Cararredonda
Ar voando:
Sono da palavra
Coisa-feita.

Dia quadrado
Caraquadrada
Ar parando:
Insônia da palavra.
Coisa-fazes.
Diafazes.

2

Tiro do bolso examino
Certas figuras de gramática
                                de retórica
                                de poética

Considero-as na sua forma visual
Fora de função/ no seu peso específico
& som próprio
de palavras isoladas:
Oxímoron; anáclase. sinérese
Sinédoque. anacoluto. metáfora
Hipérbato. hipérbole. hipálage
Assíndeto

3

Ponga, s.f. (Bras. Norte) Espécie de jogo. Consiste num quadrilátero de madeira ou papel em que se traçam duas diagonais e duas perpendiculares que se cruzam e em que se jogam dados.

4

Inserido numa paisagem quadrilíngue
Tento operar com violência
Essa coluna vertebral, a linguagem.
Esquadrinho nas palavras
Meu espaço e meu tempo justapostos.
E dobro-me ao fáscino dos fatos
Que investem a página branca:

Perdoai-me
Valéry
Drummond.

5

... as palavras/coisas/são belas
No seu vestido justo
Criado por alfaiates-óticos.

6

Eu tenho a vista e a visão:
Soldei concreto e abstrato.

Webernizei-me. Joãocabralizei-me.
Francispongei-me. Mondrianizei-me.

MACHO & FÊMEA

O leão a leonesa
O tigre a tigresa
O piano a pianesa
O martelo a martelesa
O turco a turquesa
O clavicórdio a clavicordesa
O serrote a serrotesa
O bordel a bordalesa
O avião a avionesa
O radar a radaresa
O bonde a bondesa
O veronês a veronesa
O pavês a pavesa
O touro a touresa.

* * *

O pavão a pavana
O paxá a pachorra
O rei-cláudio a rainha-cláudia
O macho a macha.

TEXTO DE CONSULTA

1

A página branca indicará o discurso
Ou a supressão do discurso?

A página branca aumenta a coisa
Ou ainda diminui o mínimo?

O poema é o texto? O poeta?
O poema é o texto + o poeta?
O poema é o poeta – o texto?

O texto é o contexto do poeta
Ou o poeta o contexto do texto?

O texto visível é o texto total
O antetexto o antitexto
Ou as ruínas do texto?
O texto abole
Cria
Ou restaura?

2

O texto deriva do operador do texto
Ou da coletividade – texto?

O texto é manipulado
Pelo operador (ótico)
Pelo operador (cirurgião)
Ou pelo ótico-cirurgião?

O texto é dado
Ou dador?
O texto é objeto concreto
Abstrato
Ou concretoabstrato?

O texto quando escreve
Escreve
Ou foi escrito
Reescrito?
O texto será reescrito
Pelo tipógrafo/o leitor/o crítico;
Pela roda do tempo?
Sofre o operador:
O tipógrafo trunca o texto.
Melhor mandar à oficina
O texto já truncado.

3

O texto é o micromenabó do poeta
Ou o poeta o macromenabó do texto?

4

A palavra nasce-me
fere-me
mata-me
coisa-me
ressuscita-me

5

Serviremos a metáfora?
Arquivaremos a?

Metáfora: instrumento máximo;
CASSIRER.
A própria linguagem do homem.
ORTEGA Y GASSET
Invenção/translação.

6

A palavra cria o real?
O real cria a palavra?
Mais difícil de aferrar:
Realidade ou alucinação?

Ou será a realidade
Um conjunto de alucinações?

7

Existe um texto regional/ nacional
Ou todo texto é universal?
Que relação do texto
Com os dedos? Com os textos alheios?

Giro NÉPOUR D'ÉTERNELS

Com o texto a tiracolo
PARCHEMINS
Sem o texto
(MALLARMÉ)
Não decifro o itinerário.

Toda palavra é adâmica:
Nomeia o homem
Que nomeia a palavra.
Querendo situar objetos
Construímos um elenco vertical.
Enumeração caótica?
Antes definição.
Catalogar, próprio do homem.

8

Morrer: perder o texto
Perder a palavra/o discurso

Morrer: perder o texto
Ser metido numa caixa
Com testo
Sem texto.

9

Juízo final do texto:
Serei julgado pela palavra
Do dador da palavra/do sopro/da chama.

O texto-coisa me espia
Com o olho de outrem.

Talvez me condene ao ergástulo.

O juízo final
Começa em mim
Nos lindes da
Minha palavra.

IPOTESI

1968

INFORMAZIONE

Già sul limite del nulla
che abbaia soffia e ringhia
più ancora del sistema, portando la mia inerzia,
insofferente di vitalità
sotto il fuoco delle galassia
mi nascondo dietro un segno
strutturale di ferro
sconosciuto a me stesso,
a Barthes e a Cassirer.

* * *

Se tutto è morte
ci sarà anche la morte della risurrezione.

* * *

Tocco il cielo falso bersaglio
di un creatore irreversibile
persuasore occulto
già travestito da Padre.

* * *

Consultiamo la statistica.
Quest'angoscia: definibile?
Non so dialogare con l'Altro
né soffrire con il mio simile.

* * *

Il cosmonauta cerca informazioni
sugli spazi interstellari
oppure sull'uomo stesso?

* * *

Asfissiato dal sistema
dentro la mia piaga
ne porto un'altra.
Pranzo a rate questa fame.

* * *

Nemmeno mi vedo uno zero:
lo zero, circolo perfetto.

EPITAFFIO

Amò prima di tutto la libertà
la donna
il dialogo
la musica
le galassie
la pietra ovale
il teatro fuori del teatro.

Il suo cervello fu rivoluzionario
la sua fisiologia conservatrice.

Cercò sempre di abbinare
ragione e fantasia.

Fece la guerriglia contro se stesso

capì l'irrealtà della realtà

Crocifisse il Cristo
e liberò Barabba.

IL VIAGGIO

Sarò un androide? Sono forse un
prodotto
del divario tecnologico
fra Juiz de Fora e Pechino.

Nel tempo della mia infanzia
volevo andare dal Brasile in Cina
a cavallo.

Il viaggio si è effettuato
nessuno se ne è accorto
nemmeno io.

L'ESPLOSIONE DEMOGRAFICA

La donna incinta mi fa paura:
nasconde un motociclista
che dopo aver bevuto
il mio bicchiere di vino mangiato il mio
pane
subito mi investirà.

IPOTESI

La morte sarà ovale o quadrata?
chi la ospita con un teorema?
chi veramente spezzando
il sole arcaico dell'essere
la potrebbe agognare?

* * *

Ragiono di amore e di tempo:
la morte ahimé! "mi fa tremar le vene e i polsi"
ma personifica la fine
di ogni sistema;

* * *

La morte ovale o quadrata
non sarà mai scritta.

RITORNO

Una volta ritornerò
per salutare il regno minerale
dove il disordine è minimo.

PAPIERS

1931-1974

PAYSAGE

Le soleil bleu se lève
derrière les derrières
des femmes en éventail.

Une bouteille a recueilli
le fleuve dans son sein étroit.

Le monde est si petit, mon amie:
le voilà enfermé dans ton maillot.

1931

JOAN MIRÓ

• Un vase en verre majorquin
Déborde de pinceaux et tubes de couleurs:

Soudain ils se dressent énergiques
Échangent des mots inventés
Au-delà du catalan

Suscitent des flammes vertes
Qui jouent à cache-cache
Avec le vent venu de Tarragone

Nos étoiles-filles manœuvrent un collimateur

Des lignes courbes et droites
Se mettent à danser la sardane

Un cerf-volant jaune/bleu/rouge
Sauve un poisson orangé/indigo/violet

La réalité nº 1
Se bat avec la réalité nº 2

• Le désordre devient l'ordre fantastique
De la peinture-poésie miròïenne

Le soleil regarde le peintre-poète
Par le trou de la serrure:

Voilà Joan Miró
Entouré de pierres/d'insectes/d'étoiles de mer
Voilà Joan Miró

Qui depuis 75 ans – ou 3.000? –
Naît et renaît tous les jours
De lui-même
Du passé/du présent/du futur

D'un énorme conte de fées
Écrit et filmé exprès par Joan Miró.

Roma, 1969

JEANNE D'ARC

L'enfant Jeanne d'Arc.
L'arc de Jeanne d'Arc.
La roue de l'arc de Jeanne d'Arc.
Les autres jouets de Jeanne d'Arc: l'églantine, l'alouette, la comptine, le bilboquet de Jeanne d'Arc.

Le pain et le vin, le fromage: les hommages
La jeune Jeanne d'Arc.
Le jeûne de Jeanne d'Arc.

L'«hombre» de Jeanne d'Arc.
L'ombre de Jeanne d'Arc.

Le moi de Jeanne d'Arc.
L'émoi de Jeanne d'Arc.

La voix de Jeanne d'Arc.
Les voix de Jeanne d'Arc.
La foi de Jeanne d'Arc.
Le foie de Jeanne d'Arc.

Le roi de Jeanne d'Arc.
L'Ubu roi de Jeanne d'Arc.

L'oui de Jeanne d'Arc.

Le feu de Jeanne d'Arc.

L'hôtel de Jeanne d'Arc.
L'autel de Jeanne d'Arc.

L'arc-en-ciel de Jeanne d'Arc.

L'arcanisation de Jeanne d'Arc.

* * *

L'avenir sans Bombe. Sans épée. La paix.

NOTA BIOBIBLIOGRÁFICA

Murilo Monteiro Mendes nasceu em 13 de maio de 1901, em Juiz de Fora, Minas Gerais, terceiro filho de Onofre Mendes, funcionário público, e de Elisa Valentim Monteiro Mendes. Em 20 de outubro de 1902, sua mãe morre de parto e daí a pouco seu pai casa-se em segundas núpcias com Maria José Monteiro. Deste segundo casamento nascem cinco filhos. A meninice decorrida serenamente em Juiz de Fora, que o poeta maduro irá reviver nas páginas autobiográficas de *A idade do serrote* (1968), é marcada, em 1910, pela passagem nos céus do Brasil do cometa de Halley, que o "desperta para a poesia". Em 1910, depois de ter concluído os cursos primário e ginasial em Juiz de Fora, entra na local Escola de Farmácia, que abandona pouco tempo depois. Em 1917, aluno interno do colégio Santa Rosa em Niterói, foge à noite para assistir, no Teatro Municipal do Rio de Janeiro, aos balés de Diaghilev e ver Nijinsky "dançar no Arco-Íris". Entre 1917 e 1921, exerce várias atividades, desde telegrafista e prático de farmácia, funcionário de cartório e professor de francês num colégio de Palmira, até ser assumido como arquivista do Ministério da Fazenda. O encontro aos vinte anos com o pintor Ismael Nery constitui um momento fundamental para a sua vida espiritual e a sua atividade poética. Os anos 1924-1929, período de formação e de instabilidade social (é escriturário do Banco do Brasil), sancionam, porém, sua vocação literária revelada com a colaboração em algumas revistas do primeiro modernismo (*Revista de Antropofagia*, *Verde* etc.), até a publicação, na Editorial Dias Cardoso de Juiz de Fora, em 1930, do primeiro livro, *Poemas 1925-1929*, que será galardoado com o prêmio de poesia Graça Aranha. Em 1932, publica na *Revista Nova* de Paulo Prado, com data de 1931, o auto *Bumba-meu-poeta* e, em Edição de Ariel, no Rio de Janeiro, o conjunto de poemas-piada da *História do Brasil*.

Em 1934, a morte de Ismael Nery desencadeia em Murilo uma crise existencial e religiosa que o devolve a um cristianismo das origens, de raiz evangélica. Testemunho da crise será o livro de poemas *Tempo e eternidade*, publicado naquele mesmo ano (Porto Alegre, Globo), juntamente com o amigo poeta, médico e pintor Jorge de Lima, a quem ficará sempre ligado nos anos que virão, oferecendo-lhe, em 1951, o título para a suma poética do fim da vida: *Invenção de Orfeu*. Em 1938, publica no Rio (Coop. Cultural Guanabara) a *Poesia em pânico*, interessante exemplo de "surrealismo lúcido", em que seu antigo desejo existencial de "aliança dos extremos" encontra uma atuação original no plano da poesia, que se distancia, com seu visionarismo diurno e apocalíptico, do onirismo bretoniano. Com o alastramento do segundo conflito mundial, o grande historiador e poeta português Jaime Cortesão, opositor do ditador Salazar, fixa-se, em 1940, com a família no Rio, e Murilo Mendes conhece Maria da Saudade Cortesão, filha do historiador, com a qual virá a casar-se em 1947. Em 1941 sai *O visionário* (Rio de Janeiro, José Olympio). Em 1943, Murilo Mendes é internado com tuberculose pulmonar num sanatório de Correia. Sai, em 1944, numa bela edição com capa de Santa Rosa e ilustrações de Portinari, o livro *As metamorfoses* (Rio de Janeiro, Ocidente), entre os mais significativos do poeta, que vai alcançar grande fortuna nacional e internacional entrando, com seus poemas mais famosos, em várias antologias. No entanto, em 1945, aparecem, numa edição conjunta, os poemas do *Mundo enigma*, compostos em 1942 e dedicados a Maria da Saudade Cortesão, e *Os quatro elementos*, inéditos desde 1935. E, afinal, em 1947, é publicada, pela Agir do Rio de Janeiro, *Poesia liberdade*, obra central, por compromisso civil e qualidade poética, na produção do escritor. O remate do volume, o poema "Janela do caos", que será depois traduzido para italiano por Giuseppe Ungaretti, é publicado em Paris, em 1949, numa edição de luxo ilustrada com seis litografias de Francis Picabia. Nesta altura, Murilo Mendes já tem no Brasil uma sua imagem fixada numa mitografia pessoal composta de anedotas que falam do poeta, surrealista na vida ainda mais do que na obra, o qual abre o guarda-chuva durante os concertos para protestar contra as más execuções, ou que, durante a guerra, envia telegramas a Hitler protestando em nome de Mozart contra a invasão de Salzburg por parte das tropas alemãs. Cada um tem sua anedota sobre o poeta. E é nesta altura que Murilo Mendes, depois de ter preparado para a publicação no Rio o que ele julga constituir a sua suma poética até então (*Poesias 1925-1955*, José Olympio, 1959), deixa o Brasil, passando a viver na Europa, onde vai construir nova vida e nova imagem de si dentro de um contexto internacional.

Entre 1952 e 1956, Murilo Mendes e Maria da Saudade realizam a sua primeira estadia na Europa com uma missão cultural em Paris, na Bélgica e na Holanda. Até que, em 1957, o poeta e sua esposa mudam-se definitivamente para Roma, onde Murilo vai ocupar o lugar de professor de cultura brasileira na Universidade. A sua casa na via del Consolato 6, onde se reúnem escritores e artistas plásticos, transforma-se num ponto de encontro e de referência para intelectuais de todos os países. A partir deste momento, a própria produção poética de Murilo muda de rumo. O convívio em Roma com poetas como Ungaretti, Palazzeschi ou Ruggero Jacobbi, que se tornam seus amigos e tradutores, na Espanha com Dámaso Alonso ou Ángel Crespo, eles também seus tradutores, a correspondência diária com poetas e escritores franceses ou de língua francesa, mas sobretudo a amizade com os artistas plásticos que frequentam a sua casa e de que ele se faz "apresentador" em poemas em verso ou em prosa publicados em catálogos de exposição, alargam o seu horizonte de interesses. Como a pintura contemporânea, a sua poesia torna-se mais abstrata, seca, intelectualizada: acompanha ou às vezes precede os movimentos brasileiros dos poetas inventores da sua própria forma poética, como João Cabral, o grande amigo de sempre, mas também os concretistas de São Paulo, Haroldo de Campos em especial. Começam a sair na Itália, na França e na Espanha traduções e antologias das suas obras. A primeira é a *Siciliana*, em 1959, com prefácio de Ungaretti, seguida pela antologia da *Poesia*, traduzida também com colaboração de Ungaretti. O nome do poeta torna-se conhecido na Europa. Ele apresenta em Florença a grande exposição de Alberto Magnelli, enquanto em Lisboa é publicada, em 1964, pela Livraria Morais, a sua *Antologia poética*. No entanto, o poeta, que desde a aparição no Rio, em 1945, de um volume de aforismas, *O discípulo de Emaús*, só tinha publicado livros de poesia, volta à prosa com um livro de memórias infantis, *A idade do serrote* (Rio de Janeiro, Sabiá) a que, dois anos depois, em 1970, segue a publicação, em São Paulo, da *Convergência*, em que aparece recolhida a poesia composta entre 1963 e 1966. A parábola europeia e italiana continua a ascender até atribuição a Murilo Mendes, em 1972, pelo livro antológico *Poesia Libertà*, traduzido e organizado por Ruggero Jacobbi, do prestigioso Prêmio Internacional Etna-Taormina. No Brasil, porém, Murilo Mendes parece ter sido esquecido. Há poucas exceções: Laís Correia de Araújo publica em 1972 sua monografia sobre o poeta, e a José Olympio lança no Rio o *Poliedro*, em prosa. Mas os inéditos, de prosa especialmente, encontram cada vez mais difícil colocação. E à morte do poeta, acontecida em Lisboa, em 13 de agosto de 1975, durante as férias de verão que ele costumava passar com Maria da Saudade na casa que tinha sido do sogro, Jaime Cortesão, os volumes ainda não publicados e os papéis destinados a integrar novos volumes amontoam-se na casa de Roma. Murilo é sepultado no Cemitério dos Prazeres de Lisboa, cidade em que passa a residir sua viúva Maria da Saudade. Desde então, durante 19 anos, Luciana Stegagno Picchio, que tinha sido colega de Murilo nas Universidades de Roma e de Pisa e amiga de convívio diário com Murilo e Maria da Saudade durante a sua permanência em Roma, vai editando os inéditos: antes o volume dos poemas italianos *Ipotesi* (Milão, 1978), em seguida a antologia de prosa *Transistor* (Rio de Janeiro, 1980), e as duas edições críticas dos *Poemas 1925-1957*, Rio de Janeiro, 1988) e da *História do Brasil* (Rio de Janeiro, 1991). Pouco a pouco, o interesse pela obra do poeta mineiro vai ressurgindo, especialmente entre os jovens que apreciam a sua absoluta liberdade de pensamento e de expressão, o seu *humour* às vezes tocado pelo desespero, a sua contínua capacidade de invenção e renovação.

ÍNDICE

POEMAS
(1925-1929)

HISTÓRIA DO BRASIL
(1932)

O VISIONÁRIO
(1930-1933)

TEMPO E ETERNIDADE
(1934)

OS QUATRO ELEMENTOS
(1935)

A POESIA EM PÂNICO
(1936-1937)

AS METAMORFOSES
(1938-1941)

MUNDO ENIGMA
(1942)

POESIA LIBERDADE
(1943-1945)

SONETOS BRANCOS
(1946-1948)

CONTEMPLAÇÃO DE OURO PRETO
(1949-1950)

PARÁBOLA
(1946-1952)

SICILIANA
(1954-1955)

TEMPO ESPANHOL
(1955-1958)

CONVERGÊNCIA
(1963-1966)

IPOTESI
(1968)

PAPIERS
(1931-1974)

COLEÇÃO MELHORES CONTOS

Aníbal Machado
Seleção e prefácio de Antonio Dimas

Lygia Fagundes Telles
Seleção e prefácio de Eduardo Portella

Breno Accioly
Seleção e prefácio de Ricardo Ramos

Marques Rebelo
Seleção e prefácio de Ary Quintella

Moacyr Scliar
Seleção e prefácio de Regina Zilbermann

Machado de Assis
Seleção e prefácio de Domício Proença Filho

Herberto Sales
Seleção e prefácio de Judith Grossmann

Rubem Braga
Seleção e prefácio de Davi Arrigucci Jr.

Lima Barreto
Seleção e prefácio de Francisco de Assis Barbosa

João Antônio
Seleção e prefácio de Antônio Hohlfeldt

Eça de Queirós
Seleção e prefácio de Herberto Sales

Mário de Andrade
Seleção e prefácio de Telê Ancona Lopez

Luiz Vilela
Seleção e prefácio de Wilson Martins

J. J. Veiga
Seleção e prefácio de J. Aderaldo Castello

João do Rio
Seleção e prefácio de Helena Parente Cunha

Ignácio de Loyola Brandão
Seleção e prefácio de Deonísio da Silva

Lêdo Ivo
Seleção e prefácio de Afrânio Coutinho

Ricardo Ramos
Seleção e prefácio de Bella Jozef

Marcos Rey
Seleção e prefácio de Fábio Lucas

Simões Lopes Neto
Seleção e prefácio de Dionísio Toledo

Hermilo Borba Filho
Seleção e prefácio de Silvio Roberto de Oliveira

Bernardo Élis
Seleção e prefácio de Gilberto Mendonça Teles

Autran Dourado
Seleção e prefácio de João Luiz Lafetá

Joel Silveira
Seleção e prefácio de Lêdo Ivo

João Alphonsus
Seleção e prefácio de Afonso Henriques Neto

Artur Azevedo
Seleção e prefácio de Antonio Martins de Araujo

Ribeiro Couto
Seleção e prefácio de Alberto Venancio Filho

Osman Lins
Seleção e prefácio de Sandra Nitrini

Orígenes Lessa
Seleção e prefácio de Glória Pondé

Domingos Pellegrini
Seleção e prefácio de Miguel Sanches Neto

Caio Fernando Abreu
Seleção e prefácio de Marcelo Secron Bessa

Edla van Steen
Seleção e prefácio de Antonio Carlos Secchin

Fausto Wolff
Seleção e prefácio de André Seffrin

Aurélio Buarque de Holanda
Seleção e prefácio de Luciano Rosa

Aluísio Azevedo
Seleção e prefácio de Ubiratan Machado

Salim Miguel
Seleção e prefácio de Regina Dalcastagnè

Ary Quintella
Seleção e prefácio de Monica Rector

*Hélio Pólvora**
Seleção e prefácio de André Seffrin

*Walmir Ayala**
Seleção e prefácio de Maria da Glória Bordini

*Humberto de Campos**
Seleção e prefácio de Evanildo Bechara

**PRELO*

COLEÇÃO MELHORES POEMAS

Castro Alves
Seleção e prefácio de Lêdo Ivo

Lêdo Ivo
Seleção e prefácio de Sergio Alves Peixoto

Ferreira Gullar
Seleção e prefácio de Alfredo Bosi

Mario Quintana
Seleção e prefácio de Fausto Cunha

Carlos Pena Filho
Seleção e prefácio de Edilberto Coutinho

Tomás Antônio Gonzaga
Seleção e prefácio de Alexandre Eulalio

Manuel Bandeira
Seleção e prefácio de Francisco de Assis Barbosa

Cecília Meireles
Seleção e prefácio de Maria Fernanda

Carlos Nejar
Seleção e prefácio de Léo Gilson Ribeiro

Luís de Camões
Seleção e prefácio de Leodegário A. de Azevedo Filho

Gregório de Matos
Seleção e prefácio de Darcy Damasceno

Álvares de Azevedo
Seleção e prefácio de Antonio Candido

Mário Faustino
Seleção e prefácio de Benedito Nunes

Alphonsus de Guimaraens
Seleção e prefácio de Alphonsus de Guimaraens Filho

Olavo Bilac
Seleção e prefácio de Marisa Lajolo

João Cabral de Melo Neto
Seleção e prefácio de Antonio Carlos Secchin

Fernando Pessoa
Seleção e prefácio de Teresa Rita Lopes

Augusto dos Anjos
Seleção e prefácio de José Paulo Paes

Bocage
Seleção e prefácio de Cleonice Berardinelli

Mário de Andrade
Seleção e prefácio de Gilda de Mello e Souza

Paulo Mendes Campos
Seleção e prefácio de Guilhermino Cesar

Luís Delfino
Seleção e prefácio de Lauro Junkes

Gonçalves Dias
Seleção e prefácio de José Carlos Garbuglio

Haroldo de Campos
Seleção e prefácio de Inês Oseki-Dépré

Gilberto Mendonça Teles
Seleção e prefácio de Luiz Busatto

Guilherme de Almeida
Seleção e prefácio de Carlos Vogt

Jorge de Lima
Seleção e prefácio de Gilberto Mendonça Teles

Casimiro de Abreu
Seleção e prefácio de Rubem Braga

Murilo Mendes
Seleção e prefácio de Luciana Stegagno Picchio

Paulo Leminski
Seleção e prefácio de Fred Góes e Álvaro Marins

Raimundo Correia
Seleção e prefácio de Telenia Hill

Cruz e Sousa
Seleção e prefácio de Flávio Aguiar

Dante Milano
Seleção e prefácio de Ivan Junqueira

José Paulo Paes
Seleção e prefácio de Davi Arrigucci Jr.

Cláudio Manuel da Costa
Seleção e prefácio de Francisco Iglésias

Machado de Assis
Seleção e prefácio de Alexei Bueno

Henriqueta Lisboa
Seleção e prefácio de Fábio Lucas

Augusto Meyer
Seleção e prefácio de Tania Franco Carvalhal

Ribeiro Couto
Seleção e prefácio de José Almino

Raul de Leoni
Seleção e prefácio de Pedro Lyra

Alvarenga Peixoto
Seleção e prefácio de Antonio Arnoni Prado

Cassiano Ricardo
Seleção e prefácio de Luiza Franco Moreira

Bueno de Rivera
Seleção e prefácio de Affonso Romano de Sant'Anna

Ivan Junqueira
Seleção e prefácio de Ricardo Thomé

Cora Coralina
Seleção e prefácio de Darcy França Denófrio

Antero de Quental
Seleção e prefácio de Benjamin Abdalla Junior

Nauro Machado
Seleção e prefácio de Hildeberto Barbosa Filho

Fagundes Varela
Seleção e prefácio de Antonio Carlos Secchin

Cesário Verde
Seleção e prefácio de Leyla Perrone-Moisés

Florbela Espanca
Seleção e prefácio de Zina Bellodi

Vicente de Carvalho
Seleção e prefácio de Cláudio Murilo Leal

Patativa do Assaré
Seleção e prefácio de Cláudio Portella

Alberto da Costa e Silva
Seleção e prefácio de André Seffrin

Alberto de Oliveira
Seleção e prefácio de Sânzio de Azevedo

Walmir Ayala
Seleção e prefácio de Marco Lucchesi

Alphonsus de Guimaraens Filho
Seleção e prefácio de Afonso Henriques Neto

Menotti del Picchia
Seleção e prefácio de Rubens Eduardo Ferreira Frias

Álvaro Alves de Faria
Seleção e prefácio de Carlos Felipe Moisés

Sousândrade
Seleção e prefácio de Adriano Espínola

Lindolf Bell
Seleção e prefácio de Péricles Prade

Thiago de Mello
Seleção e prefácio de Marcos Frederico Krüger

Arnaldo Antunes
Seleção e prefácio de Noemi Jaffe

Armando Freitas Filho
Seleção e prefácio de Heloisa Buarque de Hollanda

Luiz de Miranda
Seleção e prefácio de Regina Zilbermann

Affonso Romano de Sant'anna
Seleção e prefácio de Miguel Sanches Neto

Mário de Sá-Carneiro
Seleção e prefácio de Lucila Nogueira

Augusto Frederico Schmidt
Seleção e prefácio de Ivan Marques

*Almeida Garret**
Seleção e prefácio de Izabel Leal

*Ruy Espinheira Filho**
Seleção e prefácio de Sérgio Martagão

**PRELO*

COLEÇÃO MELHORES CRÔNICAS

Machado de Assis
Seleção e prefácio de Salete de Almeida Cara

José de Alencar
Seleção e prefácio de João Roberto Faria

Manuel Bandeira
Seleção e prefácio de Eduardo Coelho

Affonso Romano de Sant'Anna
Seleção e prefácio de Letícia Malard

José Castello
Seleção e prefácio de Leyla Perrone-Moisés

Marques Rebelo
Seleção e prefácio de Renato Cordeiro Gomes

Cecília Meireles
Seleção e prefácio de Leodegário A. de Azevedo Filho

Lêdo Ivo
Seleção e prefácio de Gilberto Mendonça Teles

Ignácio de Loyola Brandão
Seleção e prefácio de Cecilia Almeida Salles

Moacyr Scliar
Seleção e prefácio de Luís Augusto Fischer

Zuenir Ventura
Seleção e prefácio de José Carlos de Azeredo

Rachel de Queiroz
Seleção e prefácio de Heloisa Buarque de Hollanda

Ferreira Gullar
Seleção e prefácio de Augusto Sérgio Bastos

Lima Barreto
Seleção e prefácio de Beatriz Resende

Olavo Bilac
Seleção e prefácio de Ubiratan Machado

Roberto Drummond
Seleção e prefácio de Carlos Herculano Lopes

Sérgio Milliet
Seleção e prefácio de Regina Campos

Ivan Angelo
Seleção e prefácio de Humberto Werneck

Austregésilo de Athayde
Seleção e prefácio de Murilo Melo Filho

Humberto de Campos
Seleção e prefácio de Gilberto Araújo

João do Rio
Seleção e prefácio de Edmundo Bouças e Fred Góes

Coelho Neto
Seleção e prefácio de Ubiratan Machado

Josué Montello
Seleção e prefácio de Flávia Vieira da Silva do Amparo

Gustavo Corção
Seleção e prefácio de Luiz Paulo Horta

Marcos Rey
Seleção e prefácio de Anna Maria Martins

Álvaro Moreyra
Seleção e prefácio de Mario Moreyra

*Odylo Costa Filho**
Seleção e prefácio de Cecilia Costa

*Raul Pompeia**
Seleção e prefácio de Claudio Murilo Leal

*Rodoldo Konder**

*França Júnior**

*Antonio Torres**

*Marina Colasanti**

**Prelo*

Impresso por :

Graphium
gráfica e editora

Tel.:11 2769-9056